Abi-Thema

# The American Dream

## Thematischer Lernwortschatz Englisch

Zusammengestellt und bearbeitet
von Peter Bruck



Ernst Klett Sprachen
Stuttgart

1. Auflage 1 [5 4 3 2 1] | 2017 16 15 14 13


Internetadresse: www.klett.de / www.lektueren.com

Redaktion: Bettina Höfels
Layoutkonzeption: Sandra Vrabec
Satz: Dörr + Schiller, Stuttgart
Umschlaggestaltung: Marion Köster, Stuttgart
Titelbild: iStockphoto (Ziggymaj, Zoobal), Calgary, Alberta
Abbildung S.36: Ullstein Bild GmbH (Granger Collection)
Druck und Bindung: AZ Druck und Datentechnik GmbH, Heisinger Str. 16, 87437 Kempten/Allgäu
Printed in Germany

ISBN 978-3-12-519502-8

ISBN 978-3-12-519502-8
9 783125 195028

# Inhaltsverzeichnis

# Übersicht über die Infoboxen

## Übersicht über die verwendeten Abkürzungen

| | |
|---|---|
| *sb* | *somebody* |
| *sth* | *something* |
| *n* | *noun* |
| *v* | *verb* |
| *adj* | *adjective* |
| *adv* | *adverb* |
| *pl* | *plural* |
| *sing* | *singular* |
| etw. | etwas |
| jmd., jmds., jmdm., jmdn. | jemand, jemandes, jemandem, jemanden |

## Übersicht über die verwendeten Lautzeichen

Die in diesem Buch verwendeten Lautzeichen folgen der amerikanischen Aussprache gemäß dem aktuellen Cambridge English Pronouncing Dictionary, 17. Ausgabe mit einigen Vereinfachungen gemäß den gängigen Lehrwerken.

['] bedeutet, dass die folgende Silbe die stärkste Betonung hat: global ['gləʊbəl]
[ˌ] bedeutet, dass die folgende Silbe die zweitstärkste Betonung hat: globalization [ˌgləʊbəlaɪ'zeɪʃn]

| | |
|---|---|
| [ɪ] | in |
| [e] | yes |
| [æ] | can |
| [ʌ] | sun |
| [ʊ] | good |
| [ə] | potato [pə'teɪt̬oʊ] |
| [ɚ] | father ['fɑːðɚ] nur AE |
| [ɔ] | paranoia [ˌperə'nɔɪə] nur AE |

| | |
|---|---|
| [iː] | meet |
| [ɑː] | bra |
| [ɔː] | law |
| [uː] | school |
| [ɜː] | bird |

| | |
|---|---|
| [eɪ] | name |

| | |
|---|---|
| [aɪ] | my |
| [ɔɪ] | toy |
| [oʊ] | buffalo ['bʌfəloʊ] nur AE |
| [aʊ] | now |

| | |
|---|---|
| [p] | pub |
| [t] | table |
| [k] | cat |
| [f] | fat |
| [θ] | thanks |
| [s] | son |
| [ʃ] | she |
| [h] | he |
| [m] | my |
| [n] | now |
| [ŋ] | thing |

| | |
|---|---|
| [b] | bye |
| [d] | down |
| [g] | good |
| [v] | van |
| [ð] | this |
| [z] | is |
| [ʒ] | television |

| | |
|---|---|
| [l] | like |
| [r] | red |
| [j] | yes |
| [w] | wet |

| | |
|---|---|
| [tʃ] | chin |

| | |
|---|---|
| [dʒ] | gin |

| | |
|---|---|
| [i] | react [ri'ækt], happy ['hæpi] |
| [u] | to own [tu'əʊn], influenza [Influ'enzə] |
| [ə] | expansionism [ɪk'spænʃənɪzəm] |
| [t̬] | diversity [dɪ'vɜːrsət̬i] nur AE |

# 1 The background

## 1.1 The American creed

| | |
|---|---|
| **creed** [kri:d] *n* | Credo, Glaube |
| **American creed** *n* | Glaubensgrundsatz der Amerikaner *(im Sinne von Zivilreligion)* |
| **exceptionalism** [ɪk'sepʃnəlɪsm], **singularity, uniqueness** [ju:'ni:knəs] *n* | Einzigartigkeit, Außergewöhnlichkeit |
| American exceptionalism and singularity/uniqueness *(belief that the US is not only the most powerful state but is also morally and politically exceptional)* | (Bewusstsein einer) amerikanische(n) Außergewöhnlichkeit und Einzigartigkeit |
| **belief** *n* | Glaube, Überzeugung |
| belief in God's help | Glaube an die Unterstützung Gottes |
| **faith (in God)** *n* | Glaube (an Gott) |
| **chosen country** *n* | auserwähltes Land |
| **covenant** ['kʌvənənt] *n (agreement between God and the ancient Israelites, in which God promised to protect them if they were faithful to him)* | Bund, Bündnis *(zwischen Gott und den Israeliten)* |
| **Puritans** ['pjʊrɪtənz] *n (grouping of British Protestants)* | Puritaner *(Gruppierung britischer Protestanten)* |
| fellow Puritans | puritanische Glaubensbrüder |
| **theme** [θi:m] *n* | Thema |
| the **Second Coming (of Christ)** *n* | die Wiederkunft (Christi) |
| **Revelation 21** [ˌrevəl'eɪʃn] *n* | Buch der Offenbarung, Kapitel 21 |

**New Jerusalem**

**The concept of a New Jerusalem was an important theme in the Puritan colonization of New England in the 17th century. The Puritans were inspired by the passages in Revelation about the New Jerusalem, particularly Revelation 21 which refers to the Second Coming of Christ and a reconstruction of the destroyed Jerusalem. The Puritans interpreted this as being a symbol for the New World. They saw themselves as the builders of the New Jerusalem on earth.**
Die Idee des Neuen Jerusalem war ein wichtiges Thema für die Puritaner während der Kolonisierung Neuenglands im 17. Jahrhundert. Die Puritaner waren beseelt von Abschnitten aus dem Buch der Offenbarung, insbesondere von dem 21. Kapitel, das sich auf die Wiederkehr Christi und die Wiedererrichtung des zerstörten Jerusalems bezieht. Die Puritaner deuteten dies als ein Symbol für die Neue Welt und verstanden sich als Erbauer dieses Neuen Jerusalems auf Erden.

| | |
|---|---|
| **emphasize sth** *v* | etw. betonen |

**City upon a hill**

**The term is attributed to the early Puritan John Winthrop (1606–1676) who is said to have spoken these words in 1630 when he and his fellow Puritans were about to sail to the New World: "we must consider that we shall be as a City upon a Hill, (and that) the eyes of all the people are upon us". The term has come to emphasize the American belief that the country is an example to the rest of the world.**
Der Begriff wird dem Puritaner John Winthrop zugeschrieben, der diese Worte 1630 kurz vor der Abreise in die Neue Welt zu seinen puritanischen Glaubensbrüdern gesprochen haben soll: „Wir müssen davon ausgehen, dass wir wie eine (leuchtende) Stadt auf dem Hügel sein werden und dass die Augen aller Menschen auf uns schauen werden."

| | |
|---|---|
| **myth** [mɪθ] *n* | Mythos |
| **narrative** ['nerət̬ɪv] *n* | Erzählung |
| **ancient** ['eɪnʃnt] *adj* | uralt, von alters her |

**A myth is a narrative, an ancient story, invented to express the way a group of people see themselves, their culture, their world.**
Ein Mythos ist eine uralte Erzählung, mit der Menschen ihr Welt- und Selbstverständnis zum Ausdruck bringen.

| | |
|---|---|
| **derive from sth** *v* | von etw. herrühren, sich aus etw. herleiten |
| **be based on sth** *v* | sich auf etw. gründen |
| **go back to sth** *v* | auf etw. zurückgehen |

**The idea of the New Jerusalem goes back to John Winthrop.**
Die Idee des New Jerusalem geht zurück auf John Winthrop.

| | |
|---|---|
| **be founded on sth** *v* | auf etw. gegründet sein |

| | |
|---|---|
| **serve as an example** *v* | als Beispiel dienen |
| **national identity** *n* | nationales Selbstverständnis |
| the way sb sees himself | jmds. Selbstverständnis |
| **destiny** *n* | Bestimmung, Schicksal |
| be destined for sth | für etw. bestimmt sein |
| be destined to do sth | dazu bestimmt sein, etw. zu tun |

**The US is destined to spread democracy.**
Es ist der Auftrag/die Bestimmung der USA die Demokratie zu verbreiten.

| | |
|---|---|
| **patriot** *n* | Patriot(in) |
| American patriotism | amerikanischer Patriotismus |
| **pledge of allegiance** [pledʒ əv əˈliːdʒəns] *n* | Treuegelöbnis, Treueschwur *(Fahneneid auf die amerikanische Flagge)* |
| **Stars and Stripes** *n* | Fahne der USA |

| | |
|---|---|
| hail to the flag | der Fahne zujubeln |
| hail to the chief | dem Präsidenten zujubeln *(umgangssprachlich)* |

| | |
|---|---|
| **Americanism** *n* | Amerikanismus |
| **anti-Americanism** *n* | Antiamerikanismus |

## 1.2 Colonial history

| | |
|---|---|
| **Pilgrim Fathers** *n (usually pl)* | Pilgerväter *(Gruppe Auswanderer, die mit der Mayflower auswanderten)* |
| **departure** *n* | Aufbruch, Abreise |
| **leave for …** *v* | nach … abreisen |
| the **New World** *n* | die Neue Welt |

### The Pilgrim Fathers

**The Pilgrims or Pilgrim Fathers were a group of English people, among them many Puritans, who left for the New World on the Mayflower ship on August 5, 1620. Their search for religious freedom became one of the cornerstones of the national identity of the United States.**
Die *Pilgrims* oder *Pilgrim Fathers* waren eine Gruppe englischer Auswanderer, unter ihnen viele Puritaner, die mit der Mayflower am 5. August 1620 in die Neue Welt aufbrachen. Ihre Suche nach religiöser Freiheit wurde zu einem der zentralen Themen der nationalen Identität der Vereinigten Staaten.

| | |
|---|---|
| **agreement** *n* | Abkommen, Vereinbarung |
| mutual agreement | gegenseitige Zustimmung |
| **contract, treaty** *n* | Vertrag |
| **compact** *n (formal)* | Vertrag, Pakt |
| **self-government** *n* | Selbstverwaltung |
| **establish sth** *v* | etw. gründen, etw. schaffen, etw. errichten |

**The Mayflower Compact**

**The Mayflower Compact was a contract or treaty set up in order to establish a form of self-government by mutual agreement. The compact was drafted and signed by the Pilgrim Fathers, as they were later to be called, aboard the Mayflower in November, 1620 shortly after the ship had anchored in Cape Cod.**
Der Mayflower-Vertrag wurde aufgesetzt, um eine Form der Selbstverwaltung durch gegenseitige Zustimmung zu etablieren. Der Pakt wurde von den *Pilgrim Fathers*, wie sie später genannt werden sollten, noch an Bord der Mayflower im November 1620 entworfen und unterzeichnet, kurz nachdem das Schiff in Cape Code vor Anker ging.

| | |
|---|---|
| **colony** *n* | Kolonie |
| found a colony | eine Kolonie gründen |
| **colonial history** *n* | Kolonialgeschichte |
| **colonial policy** ['pɑ:ləsi] *n* | Kolonialpolitik |
| **crown colony** *n* | Kronkolonie |
| **settlement** *n* | Siedlung |

**Jamestown, the first permanent settlement, was founded on May 14, 1607.**
Jamestown, die erste ständige Siedlung, wurde am 14. Mai 1607 gegründet.

| | |
|---|---|
| **tax policy** ['pɑ:ləsi] *n* | Steuerpolitik |
| **tax sth** *v* | etw. besteuern |
| **oppression** *n* | Unterdrückung |
| **subjugation** [ˌsʌbdʒə'geɪʃn] *n* | Unterjochung |
| **liberation from sth** *n* | Befreiung von etw. |
| liberation from a state of oppression | Befreiung aus einem Zustand der Unterdrückung |
| liberate oneself from subjugation | sich aus der Unterjochung befreien |
| be subjugated by sb | unterjocht sein von jmdm. |

| | |
|---|---|
| **protest** *n* | Protest |
| political protest | politischer Protest |
| **disobedience** [ˌdɪsə'bi:diəns] *n* | Ungehorsam |

| | |
|---|---|
| civil disobedience ['sɪvl ˌdɪsə'bi:diəns] | ziviler Ungehorsam |
| **uprising, rebellion** *n* | Aufruhr, Rebellion |
| **insurgency** [ɪn'sɜ:rʤənsi] *n* | Aufstände, Unruhen *(meist Pl.)* |
| insurgent | Aufständische(r) |
| **resistance** *n* | Widerstand |
| an act of resistance | ein Akt des Widerstands |
| **revolution** *n* | Revolution |
| **revolutionary** *n* | Revolutionär(in) |
| **revolutionary** *adj* | revolutionär |

**The Boston Tea Party**

**The Boston Tea Party was an act of resistance against British colonial policies and tax policies. It was directed against the British government and the British East India Company that controlled all tea trading between India and the British colonies. The British Government tried to force the colonialists to buy taxed tea from the East India Company. On December 16, 1773, after officials in Boston had refused to return three shiploads of taxed tea to Britain, a group of colonists boarded the ships and destroyed the tea by throwing it into Boston Harbor.**
**The incident was one of the key events that eventually led to the American Revolution and remains an iconic event of American history. The name resonates in the modern-day TEA Party movement, that also claims to have its roots in unjust taxation, as the acronym TEA stands for "Tax Enough Already".**

*Boston Tea Party* ist die Bezeichnung für einen Akt des Widerstands gegen die britische Kolonial- und Steuerpolitik und richtete sich gegen die britische Regierung sowie die *East India Trading Company*, die den gesamten Teeimport in die Kolonien kontrollierte. Die britische Regierung versuchte, die Kolonialisten zu zwingen, versteuerten Tee von der *East India Company* zu kaufen. Als Beamte die Rückfuhr von drei Schiffsladungen besteuerten Tees nach Großbritannien verweigerten, stürmten am 16. Dezember 1773 Bostoner Bürger die Schiffe und warfen den Tee ins Hafenbecken.
Der Vorfall ist eines der Schlüsselereignisse, die zur Amerikanischen Revolution führten, und ist ein patriotisch verklärtes Ereignis in der amerikanischen Geschichte. Der Name klingt auch in der zeitgenössischen TEA-Party-Bewegung an, die sich ebenfalls auf ungerechte Besteuerung beruft, da das Akronym TEA für „Tax Enough Already" steht.

| | |
|---|---|
| **key event** *n* | Schlüsselereignis, entscheidendes Ereignis |
| **iconic event** [aɪ'kɑ:nɪk] *n* | verklärtes Ereignis, ikonenhaftes Ereignis |

| | |
|---|---|
| **independence** *n* | Unabhängigkeit |
| **independent** *adj* | unabhängig |
| declare one's independence | seine Unabhängigkeit erklären |

| | |
|---|---|
| gain independence | unabhängig werden, Unabhängigkeit erlangen |
| **declaration** *n* | Erklärung |
| **constitution** *n* | Verfassung |
| under the constitution | nach der Verfassung |
| **draft sth** *v* | etw. entwerfen |
| **sign sth** *v* | etw. unterzeichnen |

**The Founding Fathers**

**"The Founding Fathers" was the name given to a group of political leaders who signed the Declaration of Independence and who drafted the Constitution of the United States; among them were Benjamin Franklin, Tom Paine, George Washington, John Adams and Thomas Jefferson.**

Als Gründungsväter der Vereinigten Staaten werden die Mitglieder der Gruppe politischer Führer bezeichnet, die die Unabhängigkeitserklärung unterzeichneten und die amerikanische Verfassung entwarfen; dazu gehörten Benjamin Franklin, Tom Paine, George Washington, John Adams and Thomas Jefferson.

## 1.3 The frontier and the American West

| | |
|---|---|
| **frontier** [frʌn'tɪr] *n* | Grenzland zwischen Zivilisation und Wildnis, Gebiet an der Siedlungsgrenze |
| **advance** *v (territorial)* | sich ausdehnen, fortschreiten *(territorial)* |
| **advancement** *n (territorial)* | Vorrücken, Vorankommen *(territorial)* |
| **expansion** *n (territorial)* | Erweiterung, Ausbreitung, Ausdehnung *(territorial)* |
| **clash** *v* | zusammenstoßen, aufeinandertreffen |
| clash of cultures | Kampf der Kulturen |
| **civilization** [ˌsɪvəlɪ'zeɪʃən] *n* | Zivilisation, zivilisierte Welt |
| **law** *n* | Gesetz |
| **lawlessness** *n* | Gesetzlosigkeit |
| **law court, court of justice** *n* | Gericht |

**The frontier**

**In the 19th century the frontier was a continually advancing line that went westward; it encompassed the clash between lawlessness and the representatives of the law, the cultivation of the soil by farming and the advancement of civilization, i.e. law courts, schools, etc.**
Im 19. Jahrhundert war die Frontier eine sich ständing nach Westen ausdehnende Linie, die den Zusammenstoß zwischen Gesetzlosigkeit und den Vertretern des Gesetzes, die Kultivierung des Bodens durch Farmer und das Fortschreiten zivilisatorischer Elemente wie Gerichte, Schulen usw. beinhaltete.

| | |
|---|---|
| **frontier spirit** [frʌn'tɪr] *n* | Pioniergeist |
| **(character) trait** [treɪt] *n* | Eigenschaft, Charakterzug |
| **coarseness** ['kɔːrsnəs] *n* | Grobheit, Derbheit |
| **strength** *n* | Stärke |
| **inquisitiveness** [ɪn'kwɪzətɪvnəs] *n* | Wissbegierde, Neugierde |
| **restlessness** *n* | Rastlosigkeit |
| **individualism** *n* | Individualismus |

**The frontier spirit**

**In a speech on July 12, 1893, the American historian Frederick Jackson Turner listed the following traits that he believed Americans owe to the frontier:**
- **coarseness and strength combined with inquisitiveness**
- **a practical turn of mind**
- **a masterful grasp of material things**
- **a restless, nervous energy**
- **dominant individualism**

In einer Rede am 12. Juli 1893 hat der amerikanische Historiker Frederick Jackson Turner die nachfolgenden Charaktereigenschaften aufgezählt, die nach seiner Ansicht aus der *Frontier*-Erfahrung stammen:
- Grobheit, Ungehobeltheit (im Unterschied zu feinen Umgangsformen) und (mentale) Stärke zusammen mit Neugierde
- eine praktisch orientierte Denkweise
- eine erstklassige Auffassungsgabe materieller/physischer Dinge
- eine rastlose, nervöse Energie
- einen vorherrschenden Individualismus

| | |
|---|---|
| **wilderness** ['wɪldənəs] *n* | Wildnis *(im Unterschied zur Zivilisation)* |
| **westward** *adj* | nach Westen, westwärts |
| push westward | nach Westen drängen |
| the **West** *n* | der Westen |
| allurement of the West | Anziehungskraft des Westens |
| opening of the West | Erschließung des Westens |
| conquest of the West | Eroberung des Westens |

| | |
|---|---|
| myth of the Wild West | Mythos des Wilden Westens |

**The myth of the Wild West**

**The term Wild West refers to the lawlessness of the West and was popularized in dime novels in the latter part of the 19th century. Hollywood films featuring shootouts in the streets of western towns, stagecoach robberies or fights between settlers and Indians further bolstered the stereotype.**

Der Begriff des Wilden Westens bezieht sich auf den Zustand der Gesetzlosigkeit und wurde in der zweiten Hälfte des 19. Jahrhunderts durch Groschenromane populär. Hollywoodfilme, die von Schießereien in Kleinstädten des Westens, sowie von Überfällen auf Postkutschen oder Kämpfen zwischen Siedlern und Indianern erzählen, stärkten das Klischee weiter.

| | |
|---|---|
| **stereotype** *n* | Klischee |

| | |
|---|---|
| **territory** [terətɔ:ri] *n* | Gebiet |
| uncharted territory | unerforschtes Gebiet |
| expansion of American territory | Ausdehnung des amerikanischen Gebietes |
| **free land** *n* | besitzloses Land |
| availability of free land | Verfügbarkeit von freiem, besitzlosem Land |
| **squatter** ['skwɑ:t̬ɚ] *n* | Squatter *(Siedler auf dem Land der Regierung)* |
| **settlement** *n* | Siedlung |
| **cultivate** *v* | urbar machen |
| cultivate the land | das Land bestellen |
| cultivation of the soil | den Boden urbar machen, Ackerbau betreiben |
| subdue the land | sich das Land Untertan machen |
| **trapper** *n* | Trapper(in), Fallensteller(in) |
| **homesteader** *n* | Heimstättenbesitzer(in), Siedler(in) |
| **applicant** *n* | Bewerber(in), Anwärter(in) |
| **claim sth** *v* | auf etw. Anspruch erheben, etw. in Besitz nehmen |
| unclaimed | nicht beansprucht, nicht in Besitz genommen |
| **own sth** *v* | etw. besitzen |
| **land acquisition** [ˌækwɪ'zɪʃn] *n* | Landerwerb, Grunderwerb |

**The Homestead Act**

**In 1862 the American Congress passed an act which allowed people to claim areas of land not owned or unclaimed by anyone in the West. The area of land was limited to 160 acres and applicants had to settle on the land and cultivate it. Native American landownership was not of concern.**
Der *Homestead Act* (Heimstättengesetz), den der Kongress 1862 verabschiedete, sah vor, dass unbesiedeltes, besitzloses Land im Westen der USA beansprucht werden konnte. Der Anspruch war auf 160 Morgen begrenzt und die Bewerber mussten sich auf dem Land niederlassen und es bewirtschaften.
Ansprüche auf Land durch amerikanische Indianer waren nicht von Bedeutung.

| | |
|---|---|
| **gold rush** *n* | Goldrausch |
| **(gold) deposit** *n* | (Gold-)Vorkommen |
| **discovery** *n* | Entdeckung |
| **wealth** *n* | Reichtum |
| get rich quick | schnell zu Reichtum kommen |
| **migration** *n* | Abwanderung, Migration |

**Gold rush**

**A gold rush is a period of migration of workers to an area that has had a dramatic discovery of gold deposits. Major gold rushes took place in the 19th century. It is marked by a general feeling of getting rich quickly. The Californian gold rush lured about 300,000 soldiers of fortune into the Sierra Nevada between 1848 and 1855.**
Ein Goldrausch ist eine Zeit, in der Arbeiter in eine Gegend auswandern, in der spektakuläre Goldvorkommen entdeckt worden sind. Die größten Goldräusche gab es im 19. Jahrhundert. Ein Goldrausch ist gekennzeichnet durch den Eindruck, schnell reich werden zu können. Der kalifornische Goldrausch lockte zwischen 1848 und 1855 rund 300.000 Glücksritter in die Sierra Nevada.

## 1.4 The Native American perspective

| | |
|---|---|
| **Native American, American Indian** *n* | (amerikanische) Indianer(in), Ureinwohner(in) *(USA)* |
| first nations | Indianer, Ureinwohner *(Volk)* |
| indigenous population, native population | einheimische Bevölkerung, Ureinwohner |
| **people, nation** *n* | Volk |
| **Native American population, Native American peoples** *n* | indigene Bevölkerung *(USA / Kanada)* |
| **chief** [tʃi:f] *n* | Häuptling |

**Great White Father**

**The term refers to the US president and was popularized in western novels about 1916; it was not used by Indians.**
Der Begriff wurde ab 1916 in Western-Romanen als indianischer Name für den US-Präsidenten bekannt; er wurde jedoch nie von Indianern verwendet.

| | |
|---|---|
| **tribe** [traɪb] *n* | Stamm |
| wipe out tribes | Stämme auslöschen |
| **extinction** [ɪk'stɪŋkʃn] *n* | Untergang, Auslöschung |
| **depredation** [ˌdeprə'deɪʃn] *n* | Verwüstung |
| **devastating** ['devəsteɪtɪŋ] *n* | verheerend |
| **raid** [reɪd] *n* | Angriff |

**Smallpox brought by the traders and devastating raids drastically reduced the native population to near extinction.**
Die Pocken, von Händlern eingeschleppt, und verheerende Angriffe dezimierten die indigene Bevölkerung drastisch bis zur fast vollständigen Auslöschung.

| | |
|---|---|
| **genocide** ['ʤenəsaɪd] *n* | Völkermord |
| **massacre** ['mæsəkɚ] *n* | Massaker |
| **conquer** ['kɑːŋkɚ] *v* | erobern |
| **suppress** *v* | unterdrücken |
| **war** *n* | Krieg |
| American Indian Wars | Indianerkriege |
| **battle** *n* | Schlacht |

| | |
|---|---|
| **territory** ['terətɔːri] *n* | Gebiet |
| **homeland** *n* | Siedlungsgebiete (der Native Americans) |
| **relocation, removal** *n* | Umsiedlung |
| forced relocation | gewaltsame Umsiedlung |
| **Indian removal** *n* | Vertreibung der Indianer |
| Indian Removal Act | Indianer-Umsiedlungsgesetz |
| **Indian reservation** *(USA)*, **Indian reserve** *(Kanada)* *n* | Indianerreservat(ion) |
| removal/relocation of tribes to reservations | Umsiedlung der Indianerstämme auf die Reservationen |
| confinement to reservations | Beschränkung auf das Leben in Reservationen |
| **land allotment** [ə'lɑːtmənt] *n* | Landzuteilung |

**The Indian removal and relocation opened the way to the allotment of other Indian lands and the sale of surplus acreage to settlers.**
Die Vertreibung und Umsiedlung der Indianer machte den Weg frei für die Zuteilung von weiterem Indianerland und den Verkauf der Überschussfläche an Siedler.

| | |
|---|---|
| **landmark** *n* | Meilenstein |

**Tragic landmarks in Native American history**

**Trail of Tears (1838)**
**The term refers to the forced relocation of Native Americans from their homelands in the southeastern parts of the US to the present day state of Oklahoma. The phrase describes the hardships, starvation and death on their way to their destinations. Many died, including 4,000 of the 15,000 relocated Cherokee.**
Der Begriff Trail of Tears (Pfad der Tränen) bezeichnet die gewaltsame Umsiedlung der indigenen Amerikaner von ihren Siedlungsgebieten im Südwesten der USA in den heutigen Staat Oklahoma. Der Name beschreibt die Entbehrungen, Hungersnöte sowie den Tod auf ihrem Weg zu ihren Bestimmungsorten. Viele starben, unter ihnen 4.000 der 15.000 umgesiedelten Cherokees.

**Massacre at Wounded Knee (1890)**
**The Wounded Knee Massacre occurred near Wounded Knee Creek on the Lakota Pine Ridge Indian Reservation in South Dakota. The US cavalry attempted to disarm the Lakota and in doing so killed nearly 150 men, women and children of the Lakota Sioux.**
Das Massaker von Wounded Knee ereignete sich in der Nähe des gleichnamigen Bachs auf der Pine Ridge Reservation der Lakota im Bundesstaat Süd Dakota. Bei dem Versuch der US Kavallerie die Lakota zu entwaffnen, wurden etwa 150 Männer, Frauen und Kinder der Lakota Sioux getötet.

| | |
|---|---|
| **hunting ground** *n* | Jagdgebiet |
| loss of territories and hunting grounds | Verlust von Territorien und Jagdgebieten |
| be deprived of almost all their land | fast ihres gesamten Landbesitzes beraubt werden |
| be driven out by westward expansion | durch die Westausdehnung (der USA) vertrieben werden |
| **buffalo** ['bʌfəloʊ] *n* | Büffel |
| depletion of the buffalo | Ausrottung des Büffels |

| | |
|---|---|
| **transcontinental railroad** *n* | die transkontinentale Eisenbahnlinie |
| **iron horse, steam horse** *n (since the cars or railroads were originally pulled by horses it was natural to call a locomotive an iron horse or steam horse)* | metaphorischer Name für Dampflokomotive |

| | |
|---|---|
| **railroad town** *n* | Eisenbahnstadt *(Darunter versteht man Städte, die an der transkontinentalen Eisenbahn entstanden oder aufgrund der Bahnlinie an Bedeutung zunahmen.)* |
| railroad towns came into existence | Eisenbahnstädte entstanden |
| **stagecoach** *n* | Postkutsche |
| **wagon train** ['wægən] *n* | Planwagentreck |
| **profound change** [prə'faʊnd] *n* | tiefgreifende Veränderung |
| **important factor, decisive factor** *n* | wichtiger Faktor, entscheidender Faktor |

**The transcontinental railroad profoundly changed the United States.**
Die transkontinentale Eisenbahn veränderte die Vereinigten Staaten nachhaltig.
**The railroads connected the East and West coasts.**
Die Eisenbahnen verbanden die Ost- mit der Westküste.
**They were an important/decisive factor in the industrialization of the US.**
Sie waren ein wichtiger/entscheidender Faktor in der Industrialisierung der USA.
**The railroads closed the last of the remaining frontier.**
Die Eisenbahnen überwanden das letzte Stück der Frontier.

| | |
|---|---|
| **trespass** ['trespæs] *n* | unbefugtes Betreten |
| **trespass on sth** ['trespæs] *v* | unbefugt in etw. eindringen |

**The railroad trespassed into Native American land.**
Die Eisenbahn drang widerrechtlich/ohne jede rechtliche Grundlage in Indianerland ein.

| | |
|---|---|
| **in the wake of sth** *adv* | im Zuge von etw., als Folge von etw. |
| **impact** *n* | Auswirkung |
| to have an impact on sb/sth | sich auf jmdn./etw. auswirken |

**The building of the Transcontinental Railroad also had a tragic impact on the life in the American West. In its wake the lives of countless Native Americans were destroyed.**
Der Bau der transkontinentalen Eisenbahn hatte auch tragische Auswirkungen auf das Leben im amerikanischen Westen. Im Zuge des Baus wurde das Leben unzähliger amerikanischer Ureinwohner zerstört.

| | |
|---|---|
| **current situation** *n* | gegenwärtige Situation |
| **legal status** *n* | Rechtsstatus |

**Many reservations are autonomous and have a special legal status.**
Viele Reservate sind autonom und haben einen besonderen Rechtsstatus.

| | |
|---|---|
| **domestic dependent nation** *n* | inländische abhängige Nation |
| **tribal sovereignty** [traɪbəl ˈsɑːvrənti] *n* | Stammeshoheit *(Eigenstaatlichkeit)* |

**While the US Constitution grants a certain degree of sovereignty to tribal nations, it does not, however, grant full sovereignty equivalent to that of foreign nations. Therefore the tribes are considered "domestic dependent nations".**
Die US-Verfassung spricht den Stammesverbänden bis zu einem gewissen Grad Eigentstaatlichkeit zu, diese ist in ihrem Umfang jedoch nicht gleichzusetzen mit der Souveränität fremder Staaten. Daher werden die Stämme als „inländische abhängige Nationen" betrachtet.

| | |
|---|---|
| **autonomy** [ɑːˈtɑːnəmi] *n* | Selbstverwaltung |
| **enclave** [ˈenkleɪv] *n (territory entirely surrounded by another sovereign territory)* | Enklave *(Gebiet, das völlig von einem anderen Hoheitsgebiet umschlossen ist)* |

| | | |
|---|---|---|
| tribal | land | Stammesland |
| public | | öffentliches Land |
| individually/privately held | | Land im Privatbesitz |

| | |
|---|---|
| **dignity** *n* | Würde, Selbstachtung |
| restore sb's dignity *(e.g. people's dignity)* | jmds. Würde/Selbstachtung wiederherstellen *(z.B. der [indigenen] Bevölkerung)* |
| overcome social and economic problems | soziale und wirtschaftliche Probleme überwinden |
| **unemployment** *n* | Arbeitslosigkeit |
| be characterized by a high rate of unemployment | durch einen hohen Grad an Arbeitslosigkeit gekennzeichnet sein |
| **source of income** *n* | Einkommensquelle |
| welfare as a main source of income | Sozialhilfe als Haupteinkommensquelle |
| **depend on sth** *n* | von etw. abhängig sein |
| **gambling** *n* | Glücksspiel |
| Native American gaming, Native American gambling enterprises *(bingo halls, casinos and other gambling operations)* | Glücksspielbetriebe der Native Americans *(Bingohallen, Spielkasinos und andere Glücksspielbetriebe)* |

| | |
|---|---|
| to establish a casino on the reservation | ein Spielkasino auf der Reservation einrichten/eröffnen |

## 1.5 The growth of the American empire

| | |
|---|---|
| **empire** ['empaɪə˞] *n* | Reich, Weltreich |
| empire building | Schaffung eines eigenen Imperiums |
| **imperial power** [ɪm'pɪriəl] *n* | Weltmacht |
| **imperialism** [ɪm'pɪriəlɪzəm] *n* | Imperialismus |
| control of a more powerful nation over a weaker country | Kontrolle eines stärkeren Landes über ein schwächeres |
| **imperialistic** [ɪm'pɪriəlɪstɪk] *adj* | imperialistisch *(Vorherrschaft ausübend)* |
| **preponderance** [ˌpri:'pɑ:ndərəns] *n* | Überlegenheit |
| **supremacy** [sə'preməsi], **hegemony** [hɪ'ʤeməni], **(pre)dominance** *n* | Vorherrschaft |

| | |
|---|---|
| American preponderance | amerikanische Überlegenheit<br>amerikanisches Übergewicht |
| gain political preponderance | politische Überlegenheit erlangen |
| American supremacy | amerikanische Vormacht |
| American prominence | Vorsprung/Bedeutung Amerikas |

| | |
|---|---|
| **power** *n* | Macht |
| political power | politische Macht |
| territorial power | territoriale Macht |
| **emergence** *n* | Aufkommen, Entstehen |
| emergence of the United States as an imperial power | Auftreten der USA als eine Großmacht |
| **emerge** *v* | auftreten, entstehen |
| **extend sth** *v* | etw. ausdehnen, etw. erweitern, etw. vergrößern |
| **expansionism** [ɪk'spænʃənɪzəm] *n* | Expansionspolitik |
| expansionist drive | auf Ausdehnung ausgerichtete Kampagne/Feldzug |
| **interference** *n* | Einmischung, Eingreifen, Intervention |

**interfere** *v* — sich einmischen

**The US interfered in the internal affairs of other nations.**
Die USA mischten sich in die inneren Angelegenheiten anderer Staaten ein.

**jingoism** ['ʤɪŋgoʊɪzm] *n* — Chauvinismus, übertriebener Nationalismus

flag-waving jingoism — Hurrapatriotismus

**God-given right** *n* — gottgegebenes Recht
**divinely ordained** *adj* — gottgegeben
**manifest** ['mænɪfest] *adj* — offensichtlich, deutlich erkennbar
**destiny** *n* — Bestimmung, Schicksal

**Manifest destiny**

**The idea of "Manifest destiny" implied that the American people had the God-given right to extend their democratic principles and thus expand their political and territorial power over the American continent and beyond. In the mid 19th century it served as justification of westward expansion. The idea was also used to justify issues as diverse as slavery or the Mexican American War (1846–1848). However, the idea was never adopted unanimously; Manifest destiny always had its supporters as well as its opponents. Some even changed their mind over the course of history.**
Die Idee der „Manifest Destiny" beinhaltete, dass das amerikanische Volk das gottgegebene Recht oder den göttlichen Auftrag hatte, seine demokratischen Prinzipien und damit seine politische und territoriale Macht über den amerikanischen Kontinent und darüber hinaus auszudehnen. So diente es in der Mitte des 19. Jahrhunderts als Rechtfertigung für die Westausdehnung. Das Konzept diente auch als Rechtfertigung für so unterschiedliche Fragen, wie die der Sklaverei und die des Mexikanisch-Amerikanischen Kriegs. Jedoch wurde die Idee niemals widerspruchslos angenommen und hatte immer ihre Befürworter und Gegner. Einige änderten sogar ihre Meinung im Lauf der Geschichte.

**advocate** *n* — Befürworter(in), Verfechter(in)
**advocate sth** *v* — etw. verfechten, etw. befürworten

advocate American supremacy — die amerikanische Vorherrschaft befürworten

**instill sth** *v* — etw. einimpfen, etw. einflößen
**popularize sth** *v* — etw. populär machen
**notion** *n* — Vorstellung *(Verständnis von etw.)*

| | | | |
|---|---|---|---|
| instill<br>popularize<br>spread | the notion of Manifest Destiny | die Vorstellung von Manifest Destiny | einimpfen, einflößen<br>populär machen<br>verbreiten |

**principle** *n* — Prinzip
**policy** ['pɑːləsi] *n* — Politik, Programm, Strategie
 foreign policy — Außenpolitik
**act of aggression** *n* — Angriff

**The Monroe Doctrine**

**Named after President Monroe** [mən,roʊ'] **this policy was introduced on December 2, 1823. It stated that any further efforts by European nations to colonize land or to interfere with states in North or South America would be viewed as acts of aggression and would lead to US intervention. It became a defining moment in the foreign policy of the United States and one of its longest standing principles.**
Die Monroe Doktrin wurde nach dem Präsidenten Monroe benannt und wurde am 2. Dezember 1823 verkündet. Die Doktrin besagt, dass jedwede weiteren Anstrengungen seitens europäischer Nationen Land zu kolonisieren oder sich in Angelegenheiten der Staaten in Nord- oder Südamerika einzumischen, als ein aggressiver Akt angesehen werde und zu einer US-Intervention führe. Die Monroe Doktrin wurde zu einem bestimmenden Merkmal der amerikanischen Außenpolitik und einem ihrer am längsten wirksamen Prinzipien.

**defining moment** *n* — entscheidender Moment
**overspread** *v* — sich ausbreiten
**overrun** *v* — überrollen

| | | |
|---|---|---|
| overspread<br>overrun | the continent | sich über den Kontinent ausbreiten<br>den Kontinent überrollen |

**protectorate** [prə'tektərɪt] *n* — Protektorat, Schutzherrschaft eines Staates über ein Gebiet

**Puerto Rico became an American protectorate.**
Puerto Rico wurde zum amerikanischen Protektorat.

## 2.1 Views of America

| | |
|---|---|
| **view of sth** *n* | Vorstellung von etw. |
| to have a certain view of sth | eine bestimmte Vorstellung von etw. haben |
| views of America | Vorstellungen von America |
| **land of unlimited opportunity** *n* | Land der unbegrenzten Möglichkeiten |
| **exceptionalism** [ɪk'sepʃnəlɪzm], **singularity, uniqueness** [ju:'ni:knəs] *n* | Einzigartigkeit, Außergewöhnlichkeit |

**American exceptionalism and singularity or uniqueness** *(belief that the US is not only the most powerful state but is also morally and politically exceptional)*
Bewusstsein einer amerikanischen Außergewöhnlichkeit und Einzigartigkeit

| | |
|---|---|
| **opportunity, possibility, chance** *n* | Möglichkeit, Chance |
| promise of opportunity | Aussicht auf (Lebens-)Chancen |
| unequalled possibilities | beispiellose Möglichkeiten |
| chance to start a new life | Möglichkeit, ein neues Leben anzufangen |
| seize an opportunity | eine Möglichkeit/Chance ergreifen |
| **paradise on earth** *n* | Paradies auf Erden |
| **start afresh** *v* | von vorn anfangen |
| **haven** ['heɪvən], **refuge** ['refju:ʤ] *n* | Zufluchtsort |
| refuge for oppressed people | Zufluchtsort für unterdrückte Menschen |

**"Give me your tired, your poor ... "**

**One of the many inscriptions on the bottom of the Statue of Liberty reads: "Give me your tired, your poor / Your huddled masses yearning to breathe free". These often cited iconic lines are from the final verse of a sonnet called "The New Colossus" written by the poet Emma Lazarus in an effort to raise money for the building of the Statue.**

Eine der vielen Inschriften am Fuß der Freiheitsstatue heißt: „Gebt mir Eure Müden, Eure Armen / Eure geknechteten Massen, die sich danach sehnen, frei zu atmen." Diese vielzitierten symbolträchtigen Zeilen beschließen das Gedicht „The New Colossus", dass die Dichterin Emma Lazarus schrieb, um Spenden für das Bauwerk zu sammeln.

| | |
|---|---|
| **ability** *n* | Befähigung, Können |
| **achievement** *n* | Leistung |
| **aspiration** [ˌæspəˈreɪʃn] *n* | Bestrebung, Sehnen |

**The American Dream**

**The notion of the American Dream was coined by James Truslow Adams in his book *The Epic of America* in 1931. He described the American Dream as "the dream of a land in which life should be better and richer and fuller for every man, with opportunity for each according to his ability of achievement."**
Der Begriff des amerikanischen Traums wurde 1931 von James Truslow Adams in seinem Buch *The Epic of America* geprägt. Er beschrieb den amerikanischen Traum als „den Traum von einem Land, in dem das Leben für jeden Menschen besser, reichhaltiger und erfüllter sein sollte und das Chancen für jeden gemäß seinen Fähigkeiten und seiner Leistung bietet."

| | |
|---|---|
| **coin a term** *v* | einen Begriff prägen |

| | |
|---|---|
| **independence** *n* | Unabhängigkeit |
| declare one's independence | seine Unabhängigkeit erklären |
| gain independence | Unabhängigkeit erlangen |
| **declaration** *n* | Erklärung |
| the **pursuit of happiness** [pɚˈsuːt] *n* | das Streben nach Glück, Zufriedenheit und existenzieller Sicherheit |
| **be endowed with sth** *v* | ausgestattet sein mit etw. |
| **self-evident** *adj* | selbstverständlich |
| **inalienable** [ˌɪnˈneɪliənəbl̩], **unalienable** *adj (the variant with the prefix "in" is more common)* | unveräußerlich |
| **preamble** [ˈpriːæmbl̩], **introduction** *n* | Präambel, Einleitung, Vorbemerkung |

**The United States Declaration of Independence**

**We hold these truths to be self-evident, that all men are created equal, that they are endowed by their Creator with certain unalienable Rights, that among these are Life, Liberty, and the pursuit of Happiness.** *(excerpt from the preamble of the Declaration of Independence)*

Wir halten diese Wahrheiten für selbstverständlich, dass alle Menschen gleich sind, dass sie von ihrem Schöpfer mit bestimmten unveräußerlichen Rechten ausgestattet wurden und dass zu diesen die Unversehrtheit des Lebens, Freiheit und das Streben nach Glück gehören. *(Auszug aus der Präambel der Unabhängigkeitserklärung)*

**The Declaration of Independence was adopted unanimously on July 4, 1776 by the Continental Congress. The document announced all the 13 American Colonies independent from the British Empire and Great Britain, with whom they were at war (American Revolutionary War, 1775–1783).**

Die Unabhängigkeitserklärung wurde einstimmig am 4. Juli 1776 vom Continental Congress angenommen. Das Dokument verkündete die Unabhängigkeit aller 13 amerikanischen Kolonien vom British Empire und Großbritannien, mit dem sich die Kolonien im Krieg befanden (Amerikanischer Unabhängigkeitskrieg, 1775–1783).

| | |
|---|---|
| **pledge of allegiance** [pledʒ əv əˈliːdʒəns] *n* | Treuegelöbnis, Treueschwur *(Fahneneid auf die amerikanische Flagge)* |
| **pledge sth** [pledʒ] *v* | etw. versprechen |
| **recite sth** [rɪˈsaɪt] *v* | etw. aufsagen, vortragen |
| recital | feierliches Aufsagen |
| **liberty** *n* | Freiheit |
| **justice** *n* | Gerechtigkeit |

**The Pledge of Allegiance**

**"I pledge allegiance to the flag of the United States of America, and to the republic for which it stands, one nation under God, indivisible with liberty and justice for all."**

**The Pledge was composed in 1892 and formally adopted by the Congress in 1942. Congressional sessions open with the recital of the Pledge, as do many government meetings at local levels. It is also commonly recited in school at the beginning of every school day.**

"Ich schwöre Treue auf die Fahne der Vereinigten Staaten und die Republik, für die sie steht, eine Nation unter Gott, unteilbar, mit Freiheit und Gerechtigkeit für jeden."

Der Eid wurde 1892 geschrieben und 1942 vom Congress als offizieller Treueeid angenommen. Kongresssitzungen, wie auch viele Regierungstreffen auf regionaler Ebene werden mit dem Aufsagen des Treuegelöbnisses eröffnet. Der „Plege of Allegiance" wird auch an vielen Schulen zum Anfang des Schultags aufgesagt.

## 2.2 The ideal of political freedom and civil rights

| | |
|---|---|
| **liberty** *n* | Freiheit *(im Sinne von Bürgerrechten und Grundrechten)* |
| **freedom** *n* | Freiheit *(im Sinne von einzelnen Freiheitsrechten wie z. B. freedom of speech)* |
| belief in individual liberty | Glaube an individuelle Freiheit |
| **interference** *n* | Einmischung |
| (no) government interference with personal liberties | (Nicht-)Einmischung der Regierung in persönliche Freiheiten |
| **persecution** [ˌpɜːrsɪˈkjuːʃn] *n* | Verfolgung |
| **oppression** [əˈpreʃn] *n* | Unterdrückung |
| **flee sth** *v* | aus etw. fliehen, aus etw. flüchten |
| **flee from sth, seek refuge from sth** *v* | vor etw. flüchten, vor etw. fliehen |

**Many immigrants fled their home countries and came to the United States because they were the victims of religious persecution or political oppression in their home country.**
Viele Einwanderer flohen aus ihrer Heimat und kamen in die Vereinigten Staaten, weil sie in ihrem Heimatland Opfer von religiöser Verfolgung oder politischer Unterdrückung waren.

| | |
|---|---|
| **civil rights** [ˈsɪvl] *n* | Bürgerrechte *(Ziel: Bürger vor Übergriffen oder Diskriminierung durch den Staat zu schützen)* |
| **civil liberties** [ˈsɪvl] *n* | bürgerliche Freiheiten *(persönliche Freiheiten gemäß der „Bill of Rights")* |

| | |
|---|---|
| **Bill of Rights** *n (first 10 amendments to the Constitution of the United States)* | die ersten zehn Zusatzartikel zur Verfassung der Vereinigten Staaten |
| (constitutional) amendment | Verfassungszusatz |
| **judicial matter** [dʒuːˈdɪʃl] *n* | rechtliche Angelegenheit |
| **bill** *n* | Gesetzesvorlage |
| **act, law** *n* | Gesetz *(verabschiedet)* |
| **article** *n* | Artikel *(Paragraph eines Gesetzes)* |
| **freedom of religion** *n* | Religionsfreiheit |
| **freedom of speech** *n* | Rede- und Meinungsfreiheit |

| | |
|---|---|
| **freedom of the press** *n* | Pressefreiheit |
| **guarantee sth** [ˌgærən'tiː] *n* | etw. garantieren |

**The Bill of Rights**

**The Bill of Rights is the collective name for the first ten amendments to the United States Constitution. The amendments guarantee a number of personal freedoms among them freedom of religion, freedom of speech, freedom of the press. They became law on December 15, 1791.**
Bill of Rights ist der Sammelname für die ersten zehn Verfassungszusätze der Verfassung der Vereinigten Staaten. Die Zusätze garantieren eine Reihe von Freiheitsrechten wie Religions-, Rede- und Pressefreiheit. Sie traten am 15. Dezember 1791 in Kraft.

| | |
|---|---|
| **violation of a law** *n* | Gesetzesbruch |
| unconstitutional violation of the Bill of Rights | verfassungswidriger Bruch der Bill of Rights |

| | |
|---|---|
| **supremacist** [sə'preməsɪst] *n* | jmd., der an die Überlegenheit einer Gruppe/Rasse glaubt |
| **slave** *n* | Sklave, Sklavin |
| **slave trade** *n* | Sklavenhandel |
| **enslavement** [en'sleɪvmənt] *n* | Leibeigenschaft, Versklavung |
| **lynch sb** [lɪnʃ] *v* | jmdn. lynchen |
| lynch mob | Lynchmob |
| **slaveholding state** *n* | sklavenhaltender Staat |
| non-slaveholding state | nicht-sklavenhaltender Staat |
| **abolition** [ˌæbə'lɪʃn] *n* | Abschaffung |
| **abolitionism** [ˌæbə'lɪʃənizm] *n* | Abolutionismus |
| **abolitionist** [ˌæbə'lɪʃənɪst] *n* | Verfechter(in) der Abschaffung der Sklaverei, Abolitionist(in) |
| abolish slavery | Sklaverei abschaffen |
| **racist** *n* | Rassist(in) |
| **racism** *n* | Rassismus |
| **(racial) segregation** [ˌsegrə'geɪʃn] *n* | Rassentrennung |
| **segregate** ['segrəgeɪt] *v* | segregieren, trennen |
| **emancipation** [ɪˌmænsɪ'peɪʃn] *n* | Befreiung |
| emancipation of a slave | Freilassung eines Sklaven/einer Sklavin |

**The goal of the abolitionist movement was the immediate emancipation of all slaves and the end of racial discrimination and segregation.**
Das Ziel der Bewegung für die Abschaffung der Sklaverei war die unmittelbare Befreiung aller Sklaven und das Ende der Rassendiskriminierung und Rassentrennung.

| | |
|---|---|
| **apartheid** [ə'pɑ:rthaɪt] *n* | Apartheid *(extremste Form der Rassentrennung, Südafrika bis 1994)* |
| **civil rights movement** ['sɪvl] *n (of the African-American population of the US)* | Bürgerrechtsbewegung *(der afroamerikanischen Bevölkerung der USA)* |
| **civil rights activist** ['sɪvl] *n* | Bürgerrechtsaktivist(in) |
| **Black Power Movement** *n* | Black Power Bewegung *(eher separatistischer Teil der schwarzen Bürgerrechtsbewegung in den USA)* |
| **black power** *n* | Black Power *(politischer Slogan der schwarzen Bürgerrechtsbewegung)* |
| **Black Panther Party (BBP), Black Panther** ['pænθɚ] *n* | Black Panther Partei, Black Panther |
| **emerge** *v* | entstehen, auftreten |
| **emergence** *n* | Aufkommen, Auftreten |
| **outlaw sth** *v* | etw. für ungesetzlich erklären |
| **restore sth** *v* | zurückgeben, wiederherstellen |

### The African-American Civil Rights Movement

**The African-American Civil Rights Movement refers to the social movements in the United States aimed at outlawing racial discrimination against black Americans and restoring voting rights to them. The emergence of the Black Power Movement, which lasted roughly from 1966 to 1975, expanded the aims of the Civil Rights Movement to include racial dignity, economic and political self-sufficiency, and freedom from oppression by white Americans.**
Die afro-amerikanische Bürgerrechtsbewegung bezieht sich auf die sozialen Bewegungen in den Vereinigten Staaten, die zum Ziel hatten, die Rassendiskriminierung schwarzer Amerikaner für rechtswidrig zu erklären und ihr Wahlrecht wiederherzustellen. Das Aufkommen der Black Power Bewegung, die etwa von 1966 bis 1975 aktiv war, erweiterte die Zielsetzungen der Bürgerrechtsbewegung um solche Aspekte wie rassische Würde, wirtschaftliche und politische Eigenständigkeit sowie Freiheit von der Unterdrückung durch weiße Amerikaner.

| | |
|---|---|
| **dignity** *n* | Würde, Selbstachtung |

| | |
|---|---|
| **self-sufficiency** [sə'fɪʃənsi] *n* | Eigenständigkeit, Autarkie |
| **discrimination (against)** *n* | Diskriminierung (von) |

**Blacks are discriminated against.**
Schwarze werden diskriminiert.

| | |
|---|---|
| **minority** *n* | Minderheit |
| **majority** *n* | Mehrheit |

| | | | |
|---|---|---|---|
| racial<br>ethnic<br>religious | minority | rassische<br>ethnische<br>religiöse | Minderheit |

| | |
|---|---|
| **race riot** ['raɪət] *n* | Rassenunruhen *(meist Pl.)* |
| **race conflict, racial conflict** *n* | Rassenkonflikt |
| **race hatred, racial hatred** *n* | Rassenhass |

| | |
|---|---|
| **unrest, turmoil** ['tɜːrmɔɪl] *n* | Unruhen *(meist Pl.)* |
| **protest** *n* | Protest |
| non-violent protest | gewaltloser Protest |
| **civil disobedience** ['sɪvl ˌdɪsə'biːdiəns] *n* | ziviler Ungehorsam |

**Civil disobedience**

**Civil disobedience has a long tradition in American history. Famous examples are the Boston Tea Party or the Civil Rights Movement of Martin Luther King, the black minister, who led many protest marches.**
Ziviler Ungehorsam hat eine lange Tradition in der amerikanischen Geschichte. Berühmte Beispiele sind die Boston Tea Party oder die Bürgerrechtsbewegung von Martin Luther King, dem schwarzen Prediger, der viele Protestmärsche anführte.

| | |
|---|---|
| **civil resistance** ['sɪvl] *n* | ziviler Widerstand |
| **sit-in, teach-in** *n (form of protest, usually non-violent)* | sit-in, teach-in *(Form des Protests, gewöhnlich gewaltlos)* |
| **incident** ['ɪnsɪdənt] *n* | Vorfall |
| **riot** ['raɪət] *n* | Krawall, Unruhen |
| **looting** ['luːtɪŋ] *n* | Plünderung |
| **prevention of violence** *n* | Gewaltprävention |
| **Civil Rights Act** ['sɪvl] *n* | Bürgerrechtsgesetz |

**The Civil Rights Act**

**The Civil Rights Act of 1964 outlawed major forms of discrimination against racial, ethnic, national and religious minorities and women. It changed voter registration requirements and ended racial segregation in schools, at the workplace and by facilities that served the general public ("public accommodations"). The act is considered a landmark piece of legislation in the US.**
Mit dem Bürgerrechtsgesetz von 1964 wurden schwerwiegende Formen der Diskriminierung rassischer, ethnischer, nationaler und religiöser Minderheiten sowie von Frauen für ungesetzlich erklärt. Das Gesetz veränderte die Voraussetzungen für die Registrierung als Wähler und beendete die Rassentrennung in Schulen, am Arbeitsplatz sowie in öffentlichen Einrichtungen. Das Gesetz gilt als Meilenstein in der Gesetzgebung der Vereinigten Staaten.

| | |
|---|---|
| **landmark** *n* | Meilenstein |

## 2.3 The dream of success

| | |
|---|---|
| **success** *n* | Erfolg |
| key to success | Schlüssel zum Erfolg |
| success track | Erfolgskurs, Erfolgsweg |
| be on track for success | auf der Erfolgsspur sein, auf der Siegerstraße sein |
| **wealth** *n* | Reichtum |
| **prosperity** [prɑːˈsperət̬i] *n* | Wohlstand |
| dream of prosperity | Traum von Wohlstand |
| **fortune** [ˈfɔːrtʃən] *n* | Glück, Schicksal, Vermögen |
| make one's fortune | zu Reichtum kommen, ein Vermögen machen |
| fame and fortune | Ruhm und Reichtum |
| **promise** *n* | Versprechen |
| promising | Erfolg versprechend |
| That sounds promising. | Das klingt Erfolg versprechend. |

**They were attracted by the promise of success.**
Sie wurden von der Aussicht auf Erfolg angezogen.

| | |
|---|---|
| **partake in sth, participate in sth** *v* | an etw. teilhaben |
| partake in the American Dream | am amerikanischen Traum teilhaben |
| **participation** [pɑːrˌtɪsəˈpeɪʃn] *n* | Teilhabe, Beteiligung |
| **prospect of sth** *n* | Aussicht auf etw. *(z. B. Erfolg)* |
| prospects | Chancen, Aussichten |

| | |
|---|---|
| **advance** *v* | vorwärtskommen, aufsteigen |

> **The question is whether it is possible for one to advance financially and socially while remaining virtuous.**
> Die Frage ist, ob es möglich ist, finanziell und gesellschaftlich voranzukommen und gleichzeitig tugendhaft zu bleiben.

| | |
|---|---|
| **advancement** *n* | Aufstieg, Vorankommen |
| opportunity for advancement | Aufstiegsmöglichkeit |
| **rise** *v* | aufsteigen |
| **get ahead** *v* | weiterkommen |
| get somewhere | es zu etwas bringen |
| get nowhere, not get anywhere | es zu nichts bringen |
| rise from rags to riches | vom Tellerwäscher zum Millionär aufsteigen |
| climb the social ladder | auf der gesellschaftlichen Leiter aufsteigen |
| **mobility** *n (social)* | Mobilität, Durchlässigkeit *(gesellschaftlich)* |
| social mobility, upward mobility | soziale Mobilität, soziale Durchlässigkeit, Aufstiegsmobilität |
| downward mobility | sozialer Abstieg, Abstiegsmobilität |
| **self-made man, selfmade woman** *n* | Selfmademann, Selfmadefrau *(Person, die durch eigene Kraft vorwärtsgekommen ist)* |
| **self-educated (person), autodidact** *n* | Autodidakt(in) |
| **jack-of-all-trades** *n* | Alles-Könner, Hansdampf in allen Gassen |

### Self-made man

**The term self-made man goes back to Senator Henry Clay who used it in a speech to the US Senate in February 1832. The term has since become the most popular designation of the mobile individual. The idea behind it is that social mobility is completely dependent on the will and actions of the individual and that the individual who fails has only himself/herself to blame. Famous examples of self-made men are Benjamin Franklin or more recently Chris Gardner whose rise to riches is portrayed in the film *The Pursuit of Happiness*.**

Der Begriff „Selfmademan" geht auf Senator Henry Clay zurück, der ihn in einer Rede im amerikanischen Senat im Februar 1832 benutzte. Seitdem ist dieser Begriff zur beliebtesten Bezeichnung des flexiblen Individuums geworden. Der grundlegende Gedanke ist der, dass die soziale Mobilität allein vom Willen und den Handlungen des Einzelnen abhängt und dass diejenigen, die versagen oder erfolglos bleiben, die Schuld nur bei sich selbst zu suchen haben. Berühmte Beispiele von Selfmademännern sind Benjamin Franklin oder in jüngerer Zeit Chris Gardner, dessen Aufstieg zu Reichtum in dem Film *Das Streben nach Glück* dargestellt wird.

| | |
|---|---|
| **self-responsibility** *n* | Eigenverantwortung |
| **self-improvement** *n* | (selbstständige) Weiterbildung |
| **self-help** *n* | Selbsthilfe |
| self-help books | Ratgeberliteratur |
| **promote sth** *v* | etw. propagieren |
| promote the idea of self-help | die Idee der Selbsthilfe propagieren |
| **advice** *n (no pl)* | Rat, Ratschlag/Ratschläge |
| give a piece of advice | einen Ratschlag erteilen |

### Self-help and self-improvement

**From Benjamin Franklin's *Advice to a Young Tradesman* (1748) to Dale Carnegie's *How to Win Friends and Influence People* (1936) or such current titles as *Gettings Things Done* (2012) self-help books have always played an important part in the promotion of success. These books give advice on successful living by providing the reader with examples of famous self-made men, by presenting a list of virtues to be followed and by stressing certain qualities necessary to finding the way to wealth.**

Von Benjamin Franklins *Ratschläge an einen jungen Händler/Handwerker* bis zu Dale Carnegies *Wie man Freunde gewinnt und Menschen beeinflusst* oder solch aktuellen Titeln wie *Wie man Dinge erledigt*, stets hat Ratgeberliteratur eine wichtige Rolle in der Verbreitung des Erfolgsgedankens gespielt. Derartige Bücher geben Ratschläge über erfolgreiches Leben, indem sie dem Leser Beispiele berühmter Selfmade-Personen geben, eine Tugendliste, der zu folgen ist, präsentieren sowie bestimmte Eigenschaften herausstellen, die notwendig sind um den Weg zu Reichtum zu finden.

| | |
|---|---|
| **virtue** [ˈvɜːrtʃuː] *n* | Tugend |

| | |
|---|---|
| **vice** [vaɪs] *n* | Laster, Untugend |
| **virtuous** ['vɜ:rtʃuəs], **moral** *adj* | tugendhaft, anständig |
| list of morals | Tugendkanon |
| **morality** *n* | moralische (ethische) Grundsätze, Sittenlehre |
| a question of morality | eine Frage der Moral/Ethik |
| **immoral** *adj* | unmoralisch |

| | |
|---|---|
| **industry** *n* | Fleiß |
| **industrious** [ɪn'dʌstriəs] *adj* | fleißig, arbeitssam |
| display industry | Fleiß zeigen, Fleiß an den Tag legen |
| **temperance** ['temprəns] *n (in eating and drinking, abstinence from alcohol)* | Mäßigung, Maßhalten *(im Essen und Trinken)*, Abstinenz *(vom Alkohol)* |
| **temperate** ['temprət] *adj* | maßvoll |
| **prudence** ['pru:dənts] *adj* | Umsicht, Klugheit, Besonnenheit |
| **prudent** ['pru:dənt] *n* | besonnen, umsichtig, klug |
| exert prudence | Umsicht anwenden |
| **integrity** [ɪn'tegrət̬i] *n* | Anständigkeit, moralische Integrität |
| **of integrity** [ɪn'tegrət̬i] *adj* | anständig |
| to have integrity | anständig sein |
| possess integrity | moralische Integrität besitzen |
| **honesty** *n* | Ehrlichkeit |
| **honest** *adj* | ehrlich |
| **perseverance** [ˌpɜ:rsə'vɪrəns] *n* | Beharrlichkeit, Ausdauer |
| **persistent** *adj* | beharrlich, ausdauernd |
| make use of perseverance | Beharrlichkeit einsetzen |
| **frugality** [fru:'gælət̬i] *n* | Genügsamkeit, Sparsamkeit |
| **frugal** ['fru:gəl] *adj* | sparsam, genügsam |

**The Ladder of Fortune**

| | |
|---|---|
| **reap the fruits of one's success** *v* | die Früchte des Erfolgs ernten |
| **influence** *n* | Einfluss |
| **contentment** *n* | Zufriedenheit |
| content | zufrieden |
| **honor** *n* | Ehre |
| **conscience** *n* | Gewissen |
| a matter of conscience | eine Gewissensfrage |

| | |
|---|---|
| have a clear conscience | ein reines Gewissen haben |
| **happiness** *n* | Glück, Zufriedenheit |
| pursuit of happiness | Streben nach Glück, Zufriedenheit, existenzieller Sicherheit |
| **reputation** *n* | Ansehen, guter Ruf |
| **self-respect** *n* | Selbstachtung |
| **riches** *n pl* | Reichtümer |
| **principle, doctrine** ['dɑ:ktrɪn], **dogma** ['dɑ:gmə] *n* | Glaubenssatz |
| **stock of beliefs** *n* | Glaubensgrundsätze |
| common stock of beliefs | gemeinsame Glaubensgrundsätze |
| **depend on sth** *v* | von etw. abhängen |
| **chiefly** ['tʃi:fli] *adv* | hauptsächlich, vor allem |

**The way to wealth [...] depends chiefly on two words, industry and frugality: i.e. waste neither time nor money.** *(Benjamin Franklin, Advice to a Young Tradesman)*
Der Weg zum Reichtum [...] hängt in erste Linie von zwei Wörtern ab, Fleiß und Sparsamkeit, d.h. vergeude weder Zeit noch Geld.

| | |
|---|---|
| **initiative** *n* | Eigeninitiative |
| on one's own accord | aus eigenem Antrieb |
| on one's own initiative | aus eigenem Antrieb, auf eigene Faust |
| **ambition** *n* | Ehrgeiz |
| relentless ambition | unbändiger Ehrgeiz |
| be ambitious | ehrgeizig sein |
| **self-reliance** [rɪ'laɪəns] *n* | Selbstvertrauen, Selbstständigkeit, Eigenständigkeit |
| be self-reliant | selbstständig sein, eigenständig sein |
| **can-do-attitude, can-do-mentality** *n (willingness to try anything and believe that it will work)* | Machermentalität |
| **enterprise, entrepreneurial spirit** [ˌɑ:ntrəprə'nɜ:riəl] *n* | Unternehmergeist |
| **inventiveness** *n* | Erfindungsgabe |
| **resourcefulness** *n* | Einfallsreichtum |
| be full of resources | sich zu helfen wissen |
| **willingness to take (high) risks** *n* | Risikobereitschaft |
| take a risk | ein Risiko auf sich nehmen |

| | |
|---|---|
| **high performer, high achiever, top performer** *n* | Leistungsträger(in) |
| **vigour** ['vɪgɚ] *n* | Tatkraft, Energie |
| **daring** *n* | Kühnheit, Wagemut |
| **adventurousness** *n* | Risikofreude, Wagemut |

| | | |
|---|---|---|
| show<br>display<br>have | vigour | Tatkraft an den Tag legen |
| | enterprise | Unternehmergeist, Risikofreude zeigen |
| | energy | Tatkraft, Durchschlagskraft zum Ausdruck bringen |
| | forcefulness | Stärke zeigen |
| | adventurousness | Wagnis, Risikofreude zeigen |
| | daring | Wagemut haben |

| | |
|---|---|
| show enterprise in doing sth | die Initiative zu etw. ergreifen |
| seek material success | materiellen Erfolg suchen |

| | |
|---|---|
| **competitor** *n* | Konkurrenz, Wettbewerber |
| **competitiveness** *n* | Konkurrenzdenken |
| **competitive attitude** *n* | Wettbewerbsmentalität, Konkurrenzmentalität |
| be competitive-minded | wettbewerbsorientiert sein |
| have a strong streak of competitiveness | eine starke Wettbewerbsader haben |

| | |
|---|---|
| **background** *n* | Herkunft |
| **education** *n* | Bildung |
| **upbringing** *n* | Erziehung |
| overcome one's upbringing | seine Erziehung/Herkunft überwinden *(Überwindung von Ausbildungsdefiziten)* |
| master one's own destiny | Herr über sein eigenes Schicksal sein |
| pull oneself up by one's bootstraps | sich aus eigener Kraft aufrappeln/emporarbeiten |
| reinvent oneself | sich selbst neu erfinden, sich ein neues Image geben |
| make oneself over | sich selbst optimieren |

| | |
|---|---|
| **objective** *n* | Zielsetzung, Ziel |
| **tenet** ['tenɪt] *n* | Grundsatz, Lehre |

**A fundamental tenet of the American Dream is the right to one's own property.**
Eine wesentliche Säule des amerikanischen Traums ist das Recht auf eigenen Grundbesitz.

| | |
|---|---|
| **manifestation of sth** [ˌmænɪfes'teɪʃən] *n* | Ausdruck von etw., Zeichen von etw., Erscheinungsform von etw. |
| a physical manifestation of the American Dream | ein sichtbarer Ausdruck des amerikanischen Traums |
| **suburbia** *n* | Randbezirke, Vororte |
| to own a patch of land in suburbia | ein eigenes Stück Land in der Vorstadt/im Grünen besitzen |
| dream of a smallholding or small farm | Traum vom kleinen Landbesitz |
| **white picket (fence) home** ['pɪkɪt] *n* | Haus mit weißem Lattenzaun *(Idealbild des eigenen Hauses)* |
| **a dream come true** *n* | ein wahrgewordener Traum |

## 2.4 Society, social structure and mobility

| | |
|---|---|
| **society** *n* | Gesellschaft |
| **social structure, structure of society** *n* | Gesellschaftsstruktur, soziale Struktur |
| **immigrant nation** *n* | Einwanderungsland |
| **Native American, American Indian** *n* | (amerikanische) Indianer(in), Ureinwohner(in) *(USA)* |
| **white anglo-saxon protestant (WASP)** [wɑːsp] *n* | weiße(r) amerikanische(r) Protestant(in) angelsächsischer Herkunft |
| **African-American, Black American** *n; adj* | Afro-Amerikaner(in), Schwarz-Amerikaner(in); afro -amerikanisch |
| **Asian-American** ['eɪʒən] *n; adj* | Amerikaner(in) asiatischer Abstammung; asiatisch-amerikanisch |
| **Mexican-American** *n; adj* | Amerikaner(in) mexikanischer Abstammung; mexikanisch-amerikanisch |

| | |
|---|---|
| **Latino** [lə'ti:noʊ], **Hispanic** *n; adj* | Latino, Amerikaner(in) lateinamerikanischer Abstammung; lateinamerikanisch, hispanisch |

| | |
|---|---|
| **diversity** [dɪ'vɜ:rsəṯi] *n* | Vielfalt |

**The story of the American people is a story of immigration and diversity.**
Die Geschichte des amerikanischen Volkes ist geprägt von Einwanderung und Vielfalt.

| | |
|---|---|
| **race** *n* | Rasse |
| **ethnicity** [eθ'nɪsəṯi] *n* | Ethnie, Volkszugehörigkeit, Ethnizität |
| **ethnic group** ['eθnɪk] *n* | Bevölkerungsgruppe |
| **religion** *n* | Religionszugehörigkeit |
| **faith** *n* | Glaube, Religion |

**Given the sheer diversity of ethnic America, there is considerable variation in the relationships between ethnicity and religion among its constituent peoples.**
Betrachtet man die ungeheuere ethnische Vielfalt Amerikas, gibt es beträchtliche Unterschiede im Verhältnis zwischen Ethnizität und Religion der einzelnen Volksgruppen.

| | |
|---|---|
| **constituent people** [kən'stɪtʃuənt] *n* | Volksgruppe |
| constituent | Bestandteil |

| | |
|---|---|
| **Christian** *n* | Christ(in) |
| **Christian** *adj* | christlich |
| **Muslim** *n* | Muslim, Muslimin |
| **Muslim** *adj* | muslimisch |
| **Jew** *n* | Jude, Jüdin |
| **Jewish** *adj* | jüdisch |
| **Buddhist** *n* | Buddhist(in) |
| **Buddhist** *adj* | buddhistisch |

| | |
|---|---|
| **birth** *n* | Abstammung, Herkunft |
| **upbringing** *n* | Erziehung |
| **gender, sex** *n* | Geschlecht |
| **disability** *n* | Behinderung |
| **age** *n* | Alter |
| **sexual orientation** *n* | sexuelle Orientierung |

| | |
|---|---|
| **equal(ity of) opportunity** *n* | Chancengleichheit |

| | |
|---|---|
| diminished opportunity of equality | verminderte Chancengleichheit |

**absence of discrimination based on involuntary personal attributes**
keine Ungleichbehandlung basierend auf unfreiwilligen persönlichen Attributen

| | |
|---|---|
| regardless of sth<br>irrespective of sth | unabhängig von etw. |

| | |
|---|---|
| **fringe group** [frɪndʒ], **marginal group** ['mɑ:rdʒɪnəl] *n* | Randgruppe |
| **multicultural society** [ˌmʌlti'kʌltʃrl] *n* | multikulturelle Gesellschaft |
| **dominant society, majority society, majority group in society** *n* | Mehrheitsgesellschaft |
| **minority society** *n* | Minderheitsgesellschaft |
| **parallel society** *n* | Parallelgesellschaft |
| **egalitarian** [ɪˌgælɪ'teriən] *n; adj* | Vertreter(in) des Gleichheitsgedankens; egalitär |

| | |
|---|---|
| **class,** *(pl)* classes *n* | Klasse |
| **class society** *n* | Klassengesellschaft |
| classless society | klassenlose Gesellschaft |
| **class-conscious** ['kɑ:ntʃəs] *adj* | klassenbewusst |
| **class difference** *n* | Klassenunterschied |
| **working poor** *n* | Unterschicht |
| **working class** *n* | Arbeiterklasse |
| **middle class** *n* | Mittelschicht |
| **upper class** *n* | Oberschicht |
| **elite** [ɪ'li:t] *n* | Elite |
| elite network | Elitenetzwerk |

| | |
|---|---|
| the **poor** *n pl* | die Armen |
| the **rich** *n pl* | die Reichen |
| the superrich | die Superreichen |

**The gap between the poor and the rich is widening.**
Die Kluft zwischen Arm und Reich vergrößert sich.

| | |
|---|---|
| the **well-offs** *n pl* | die Vermögenden |
| **wealth** *n* | Reichtum |
| distribution of wealth | Vermögensverteilung |
| accumulate wealth | Reichtümer anhäufen |

| | |
|---|---|
| **poverty** *n* | Armut |
| live in poverty | in Armut leben |
| **poverty rate** *n* | Armutsrate |

| | |
|---|---|
| **economic divide** *n* | wirtschaftliche Kluft |
| **social justice** *n* | soziale Gerechtigkeit |
| **social barrier** ['beriɚ] *n* | soziale Schranke |
| **social cohesion** [koʊ'hi:ʒən] *n* | sozialer Zusammenhalt |

**Bridging the economic divide between the well-offs and the poor might contribute to social cohesion.**
Wird die Kluft zwischen den Vermögenden und den Armen verringert, könnte das zum sozialen Zusammenhalt beitragen.

| | |
|---|---|
| **standard of living** *n* | Lebensstandard |

| | |
|---|---|
| **income** *n* | Einkommen |
| household income | Haushaltseinkommen |
| high-income household | Haushalt mit hohem Einkommen |
| family income | Familieneinkommen |
| **average income** *n* | Durchschnittseinkommen |

**The average income is stagnating.**
Das Durchschnittseinkommen stagniert.

| | |
|---|---|
| **income per capita** [pɚ'kæpɪt̬ə] *n* | Pro-Kopf-Einkommen |
| **income level** *n* | Einkommensniveau, Einkommenshöhe |
| **income distribution** *n* | Einkommensverteilung |

**Census statistics provide detail on income distribution.**
Die Volkszählungsstatistiken liefern Details zur Einkommensverteilung.

| | |
|---|---|
| **upper income groups** *n* | Bezieher hoher Einkommen |
| **lower income groups** *n* | Bezieher niedriger Einkommen |
| **wage- and salary earners** *n* | Lohn- und Gehaltsempfänger |
| **big (income) earner** *n* | Großverdiener(in) |
| **low-wage job** *n* | Niedriglohnarbeit |
| **minimum wage** *n* | gesetzlicher Mindestlohn |

**Minimum wage has not been updated to reflect the rising prices.**
Der Mindeslohn wurde nicht gemäß der Preissteigerung erhöht.

| | |
|---|---|
| **white-collar worker** *n* | Angestellte(r) |
| **white-collar job** *n* | Schreibtischposten, Bürojob |
| **blue-collar worker** *n* | Arbeiter(in) |
| **blue-collar job, manual labor** *n* | körperliche Arbeit, handwerkliche Arbeit |

| | |
|---|---|
| **flexibility** *n* | Flexibilität |
| **mobility** *n (social)* | Mobilität, Durchlässigkeit *(gesellschaftlich)* |
| social mobility, upward mobility | soziale Mobilität, soziale Durchlässigkeit |
| **upward mobility** *n* | Aufstiegsmobilität, sozialer Aufstieg |
| **downward mobility** *n* | Abstiegsmobilität, sozialer Abstieg |
| **horizontal mobility** *n* | horizontale Mobilität *(Bewegung zwischen Positionen, die sich nach ihrer Art, nicht aber nach ihrem Rang unterscheiden z. B. Wechsel des Wohnortes oder des Familienstandes)* |
| **vertical mobility** ['vɜːrt̬əkəl] *n* | vertikale Mobilität *(Änderung des sozialen oder beruflichen Status)* |
| **intragenerational mobility** *n* | Intragenerationenmobilität, Mobilität innerhalb der (jeweiligen) Generation(en) *(Karrieremobilität und Fortkommen innerhalb des eigenen Lebens)* |
| **intergenerational mobility** *n* | Intergenerationenmobilität, Mobilität zwischen den Generationen *(Auf- und Abstieg zwischen den Generationen)* |
| **social climber** *n* | sozialer Aufsteiger, soziale Aufsteigerin |
| **career pattern** [kə'rɪr] *n* | Aufstiegsmuster |

**Mobility through individual economic achievement is the primary career pattern.**
Das Hauptaufstiegsmuster besteht in der Mobilität durch die eigene wirtschaftliche Leistung.

| | |
|---|---|
| **affluent society** ['æfluənt] *n* | Wohlstandsgesellschaft |
| **consumer society** *n* | Konsumgesellschaft |
| **meritocracy** [ˌmerəˈtɑːkrəsi], **achievement-oriented society, performance society** *n* | Leistungsgesellschaft |
| meritocratic [ˌmerɪtəˈkrætɪk], achievement-oriented, performance-oriented | leistungsorientiert |
| **success-oriented society** *n* | Erfolgsgesellschaft |
| **risk society** *n* | Risikogesellschaft |
| **thrill-seeking society** *n* | Erlebnisgesellschaft |
| **fun-loving society, society obsessed with pleasure** *n* | Spaßgesellschaft |
| **hedonistic society** [ˌhiːdənˈɪstɪk], **selfish society** *n* | hedonistische Gesellschaft |
| **me-generation** *n* | Ich-Generation |
| **we-want-it-now generation, the immediate gratification generation** *n* | Jetzt-und-sofort-Gesellschaft |
| **leisure society** ['liːʒɚ] *n* | Freizeitgesellschaft |
| **bourgeois society** ['bʊrʒwɑː] *n* | bürgerliche Gesellschaft |
| **industrial society** *n* | Industriegesellschaft |
| **postindustrial society** *n* | postindustrielle Gesellschaft |
| **information society** *n* | Informationsgesellschaft |
| **knowledge society** *n* | Wissensgesellschaft |
| **service society, service economy** *n* | Dienstleistungsgesellschaft |

## 3.1 Delusions and drawbacks

**narrative** *n* — Erzählung, Geschichte
**lore** [lɔːr] *n* — Überlieferung
  self-affirming myth — sich selbst bestätigender Mythos

**Consumption has been tied to a bigger idea in national lore: that of the American Dream.**
Konsum wurde mit einer größeren Idee in der nationalen Überlieferung verbunden: der des amerikanischen Traums.

**evoke sth** *v* — etw. heraufbeschwören

**At an emotional level, the American Dream evokes feelings of freedom.**
Auf einem emotionalen Level ruft der amerikanische Traum Freiheitsgefühle hervor.

**invoke sth** *v* — sich auf etw. berufen

**Politicians often invoke the American Dream.**
Poltiker berufen sich oft auf den amerikanischen Traum.

**premise** ['premɪs] *n* — Prämisse, Voraussetzung

**nightmare** *n* — Albtraum
**downsite, drawback** *n* — Kehrseite, Schattenseite
  the downside/the drawbacks of the American Dream — die Kehrseite des amerikanischen Traums
  live on the dark side of the American Dream — auf der Schattenseite des amerikanischen Traums leben
**inconvenient truth** *n* — unangenehme/unbequeme Wahrheit
**delusion** *n* — Täuschung, Einbildung
  self-delusion — Selbsttäuschung

**The premise of the American Dream – work hard and you'll become rich – has become a self-delusion.**
Die Prämisse des amerikanischen Traums – arbeite hart and du wirst reich werden – ist zu einer Selbsttäuschung geworden.

**hypocrisy** [hɪ'pɑːkrəsi] *n* — Heuchelei

| | |
|---|---|
| **tension** *n* | Spannungsverhältnis |
| **disproportion** *n* | Missverhältnis |
| be disproportionate to sth | im Missverhältnis zu etw. stehen |
| **challenge** *n* | Herausforderung |
| face extreme challenges | extremen Herausforderungen gegenüberstehen |

| | |
|---|---|
| **a dream come true** *n* | ein wahrgewordener Traum |

| | | | |
|---|---|---|---|
| shattered<br>punctured<br>failed<br>unrealized | dream | geplatzter<br>durchlöcherter<br>gescheiterter<br>unerfüllter | Traum |

| | |
|---|---|
| **façade** [fə'sɑ:d] *n* | Fassade *(nur gespielt)* |
| **crumble** *v* | zusammenbrechen, bröckeln |

**The façade of the American Dream crumbled for many Americans during the housing crisis.**
Mit der Immobilienkrise ist die Fassade des amerikanischen Traums für viele Amerikaner zusammengebrochen.

| | |
|---|---|
| **objective** *n* | Zielsetzung, Ziel |
| **manifestation of sth** [ˌmænɪfes'teɪʃən] *n* | Ausdruck von etw., Zeichen von etw., Erscheinungsform von etw. |
| physical manifestation of the American Dream | sichtbarer Ausdruck des amerikanischen Traums |
| **scope** [skoʊp] *n* | Reichweite, Spielraum |

**The American Dream may be limited in its scope.**
Der amerikanische Traum ist vielleicht in seiner Reichweite begrenzt.

| | |
|---|---|
| **consumerism** *n* | Konsumdenken |
| environmentally unsustainable consumerism | umweltschädigendes Konsumdenken |
| **greed** *n* | Gier |
| **materialism** *n* | Materialismus |
| superficial materialism | oberflächlicher Materialismus |
| **goods** *n pl* | Waren, Güter |
| modern-day goods | moderne (Alltags-)Güter |
| **appliances** [ə'plaɪənsɪz] *n pl* | Geräte |

| | |
|---|---|
| appliances associated with wealth and prosperity | Dinge, die man mit Reichtum und Wohlstand assoziiert |
| **suburbia** [sə'bɜ:rbiə] *n* | Vorort |
| **white picket (fence) home** ['pɪkɪt] *n* | Haus mit weißem Lattenzaun *(Idealbild des eigenen Hauses)* |
| **idyll** ['aɪdl] *n* | Idylle |
| **ideal** [aɪ'di:əl] *n* | Idealbild |
| **post-World War II Baby Boomer era** *n* | Ära der Nachkriegs-Baby-Boomer-Generation |
| **nuclear family** ['n(j)u:kliɚ] *n* | Kernfamilie |
| **patchwork family, neo-extended family** *n* | Patchwork-Familie, moderne Großfamilie |
| **single parent** *n* | Alleinerziehende(r) |
| **dysfunctional family** [dɪs'fʌŋ(k)ʃnl] *n* | Problemfamilie, dysfunktionale Familie |

## 3.2 Social and economic issues

| | |
|---|---|
| **foreclosure** [fɔ:r'kloʊʒɚ] *n* | Zwangsversteigerung, Zwangsvollstreckung |
| foreclosing the American Dream *(figurative)* | den amerikanischen Traum zwangsvollstrecken *(bildlich)* |
| **real estate crisis** ['ri:.əl ɪˌsteɪt 'kraɪsɪs], **housing crisis** ['kraɪsɪs] *n* | Immobilienkrise |
| **housing bubble** *n* | Immobilienblase |
| the housing bubble burst | die Immobilienblase zerplatzte |
| **working poor** *n* | Unterschicht |
| **working class** *n* | Arbeiterklasse |
| **middle class** *n* | Mittelschicht |
| the shrinking of the middle class | das Schrumpfen der Mittelschicht |
| the dismantling of the middle class | die Demontage der Mittelschicht |

**A recent report by the research project found that one in three Americans raised in the middle class fall out of it as adults.**
Eine aktuelle Studie hat gezeigt, dass einer von drei Amerikanern, die in der Mittelschicht aufgewachsen sind, als Erwachsener herausfällt.

| | |
|---|---|
| **upper class** *n* | Oberschicht |
| **class difference** *n* | Klassenunterschied |
| **backbone of society** *n* | Rückgrat der Gesellschaft |

| | |
|---|---|
| the **poor** *n pl* | die Reichen |
| the **rich** *n pl* | die Armen |

**It seems as if the rich become ever richer, while the poor become more mired in poverty.**
Es erscheint, als ob die Reichen immer reicher würden, während die Armen noch tiefer in Armut versinken.

| | |
|---|---|
| the **superrich** *n pl* | die Superreichen |
| the well-offs *(pl)* | die Vermögenden |
| the haves and the have-nots *(pl)* | die Besitzenden und die Besitzlosen |

| | |
|---|---|
| **social justice** *n* | soziale Gerechtigkeit |
| **social cohesion** [koʊ'hi:ʒən] *n* | sozialer Zusammenhalt |
| **social barrier** ['beriɚ] *n* | soziale Schranke |
| **upward mobility** *n* | Aufstiegsmobilität, sozialer Aufstieg |
| **downward mobility** *n* | Abstiegsmobilität, sozialer Abstieg |
| **economic divide** *n* | wirtschaftliche Kluft |

**The divide between the haves and the have-nots has reached enormous proportions.**
Die Kluft zwischen den Vermögenden und den Besitzlosen hat ungeheure Ausmaße angenommen.

| | |
|---|---|
| **economic equity** ['ekwɪti] *n* | wirtschaftliche Gerechtigkeit, wirtschaftliche Fairness |

**America has become the country with the least equality of opportunity of any of the advanced industrial countries.**
Die Vereinigten Staaten sind das Land mit der geringsten Chancengleichheit unter allen entwickelten Industriestaaten geworden.

| | |
|---|---|
| **binding force** *n* | Bindungskraft |

| | |
|---|---|
| **standard of living** *n* | Lebensstandard |

**More than five years after the start of the Great Recession, its lingering after-effects continue to diminish the standard of living of the once-thriving American middle-class.**
Mehr als fünf Jahre nach Beginn der großen Rezession, vermindern deren ausgedehnte Nachwirkungen weiterhin den Lebensstandard der einst so starken amerikanischen Mittelklasse.

| | |
|---|---|
| **living conditions** *n pl* | Lebensbedingungen |

**The living conditions for the working poor have worsened in recent years.**
Die Lebensbedingungen für die Unterschicht haben sich in letzter Zeit verschlechtert.

| | |
|---|---|
| **wealth** *n* | Reichtum |
| maldistribution of wealth | falsche/einseitige Vermögensverteilung |
| **poverty** *n* | Armut |
| live in abject poverty | in entsetzlicher Armut leben |
| aleviate poverty | Armut lindern |
| **poverty risk** *n* | Armutsrisiko |
| **poverty rate** *n* | Armutsrate |

**The poverty rate calls into question the working of the American Dream.**
Die Armutsrate stellt das Funktionieren des amerikanischen Traums infrage.

| | |
|---|---|
| **poverty line** *n* | Armutsgrenze |
| subsist below the poverty line | unterhalb der Armutsgrenze leben |
| **child poverty** *n* | Kinderarmut |
| **the essentials, life's essentials, the bare necessities, the bare necessities** *n pl* | das Lebensnotwendige, das (zum Leben) Allernotwendigste |

| | |
|---|---|
| **income disparity** [dɪˈspærəti] *n* | Einkommensungleichheit |

**There is a growing income disparity.**
Es gibt eine wachsende Ungleichheit der Einkommen.
**The top one percent of households now control a third of the national wealth.**
Das oberste Prozent aller Haushalte verfügt nun über ein Drittel des nationalen Vermögens.

| | |
|---|---|
| **income gap, divergence of income levels** [dɪˈvɜrʤəns] *n* | Einkommensschere |

**The income gap between rich and poor continually widens.**
Die Einkommenslücke zwischen Reichen und Armen wächst stetig.

| | |
|---|---|
| **vicious circle (of poverty)** [ˌvɪʃəs ˈsɜːr kl̩] *n* | Teufelskreis (der Armut) |
| **labor market** *n* | Arbeitsmarkt |
| **workforce** *n* | Erwerbsbevölkerung, Arbeiterschaft, Arbeitskräfte, Personal |
| re-enter/rejoin the workforce | wieder auf den Arbeitsmarkt zurückkehren |

**The workforce has been cut back by ten percent.**
Die Belegschaft wurde um zehn Prozent verringert.

| | |
|---|---|
| **skilled worker** *n* | Facharbeiter(in) |
| **unskilled worker, unskilled laborer** *n* | Hilfsarbeiter(in) |
| **cheap labor** *n* | billige Arbeitskräfte |
| **skill-biased technological change** *n* | technologischer Wandel mit erhöhter Nachfrage nach Fachkräften |
| **low-wage job** *n* | Niedriglohnarbeit |
| **minimum wage** *n* | gesetzlicher Mindestlohn |
| **unemployment** *n* | Arbeitslosigkeit |
| be unemployed, be jobless | arbeitslos sein |
| cut back employment | die Zahl der Beschäftigten zurückfahren/verringern |
| **unemployment rate** *n* | Arbeitslosenquote |
| unemployment benefits | Arbeitslosengeld |
| **underemployed** *adj* | unterbeschäftigt |
| **lay sb off** *v* | jmdn. entlassen |
| be laid off | (zeitweilig) arbeitslos sein |
| **economic downturn** *n* | Konjunkturabschwung |
| **slump** [slʌmp] *n* | Rezession |
| economic slump | Wirtschaftskrise |
| **tax burden** *n* | Steuerbelastung |

**Bill Clinton pledged in 1992 to lower the tax burden on middle-class Americans.**
Bill Clinton versprach 1992, die Steuerbelastung für die amerikanische Mittelklasse zu senken.

| | |
|---|---|
| **tax reform** *n* | Steuerreform |
| redistribution through taxes | Umverteilung durch Steuern |
| **subsidies** ['sʌbsɪdiz] *n pl* | Fördermittel, Subventionen |
| cut government subsidies | Subventionen/Fördermittel kürzen |
| cut government spending | Staatsausgaben kürzen |

**Because of deficit budget cuts, states are either eliminating or tightening eligibility requirements for child care programs that used to serve the working poor.**
Aufgrund der Kürzungen, die das Haushaltsdefizit notwendig macht, setzen die Bundesstaaten die Bildungs- und Erziehungsprogramme, von denen die Arbeiter der untersten Einkommensschicht einst profitiert haben, entweder ganz aus oder sie verschärfen die Regelungen für die Teilnahmeberechtigung.

| | |
|---|---|
| **food stamp** *n* | Lebensmittelmarke |
| be on food stamps | Lebensmittelmarken beziehen |

**In 2008 28 million people used government food stamps to buy groceries.**
Im Jahr 2008 benutzen 28 Millionen Amerikaner Lebensmittelbezugsmarken, um Lebensmittel einzukaufen.

| | |
|---|---|
| **legacy** ['legəsi] *n* | Vermächtnis, Erbe |
| the legacy of 9/11 | das Vermächtnis des 11. September |
| **terrorist attack, terror attack** *n* | Terroranschlag |
| devastating terrorist attack | verheerender Terroranschlag |
| terrorist threat | Terrordrohung, Terrorgefahr |
| **atrocity** [ə'trɑːsəṱi] *n* | Gräueltat |
| **vengeance** ['vendʒəns] *n* | Rache |
| exact vengeance | Rache üben |
| seek vengeance | Vergeltung suchen |
| **remorse** ['legəsi] *n* | Reue |
| without remorse | erbarmungslos |
| **impact** *adj* | Wirkung |
| psychological impact | psychologische Wirkung |

| | |
|---|---|
| **domestic politics** *n* | Innenpolitik |
| fundamental shift in American culture and domestic politics | grundlegender Wandel in der amerikanischen Kultur und Innenpolitik |
| **security** *n* | Sicherheit |
| **Department of Homeland Security** *n* | Ministerium für die innere Sicherheit der Vereinigten Staaten |

**The Department of Homeland Security**

**The Department was created in 2002 after the terrorist attacks of September 11, 2001. Its aim is to prevent terrorist attacks on American soil.**
Das Ministerium wurde nach den Terroranschlägen vom 11. September 2001 gegründet. Seine Aufgabe ist es, terroristische Anschläge auf amerikanischem Boden zu verhindern.

**surveillance** [sɚ'veɪləns] *n* — Überwachung
**liberty and freedom** *n* — individuelle Freiheitsrechte

**They willingly gave up large amounts of liberty and freedom in exchange for a vague promise of increased security.**
Sie gaben bereitwillig eine große Anzahl individueller Freiheitsrechte im Austausch für die vage Zusage verstärkter Sicherheit auf.

**in the aftermath of sth** *n* — in der Zeit nach etw., in Folge einer Sache
**in hindsight** *n* — im Nachhinein

**exaggeration** [ɪgˌzædʒər'eɪʃən] *n* — Übertreibung
**suspiciousness** [sə'spɪʃəsnəs] *n* — Misstrauen, Argwohn
**conspiracy theory** [kən'spɪrəsi] *adj* — Verschwörungstheorie
**conspiratorial** [kənˌspɪrə'tɔːrɪəl] *adj* — verschwörerisch
**survivalists, (domesday) preppers** *n* — Survivalists, Preppers *(Menschen, die mit dem Untergang der Zivilisation rechnen und Pläne für ihr Überleben machen)*
**black helicopter** *n (part of a conspiracy theory)* — Schwarzer Hubschrauber *(Teil einer Verschwörungstheorie, auch Synonym für Verschwörungstheorien allgemein)*
**fantasy** *n* — Hirngespinst, Einbildung
**American paranoia** [ˌperə'nɔɪə] *n* — amerikanische Überängstlichkeit, amerikanische Paranoia

**Paranoid style politics**

*In 1964 Harper's magazine published the now famous essay, "The Paranoid Style of American Politics," by historian and public intellectual Richard Hofstadter.*

**In recent years, we have seen angry minds at work, mainly among extreme right-wingers, who have now demonstrated [...] how much political leverage can be got out of the animosities and passions of a small minority. But, behind this, I believe, there is a style of mind that is far from new, and that is not necessarily right-wing. I call it the paranoid style, simply because no other word adequately evokes the sense of heated exaggeration, suspiciousness, and conspiratorial fantasy that I have in mind.**

In der jüngsten Vergangenheit waren wütende Köpfe am Werk, hauptsächlich unter den extremen Rechten, die gezeigt haben, wieviel politischer Einfluss aus den Feindseligkeiten und Erregtheiten einer kleinen Minderheit entstehen kann. Aber hinter all diesem steht, so glaube ich, eine Geisteshaltung, die alles andere als neu und die nicht zwangsläufig rechts gerichtet ist. Ich nenne sie die paranoide Haltung, einfach weil kein anderer Begriff die Bedeutung der aufgeheizten Übertreibung, Verdächtigung und konspirativen Fantasie so adäquat einfängt.

# 4 Politics and the American Dream

## 4.1 Government interference, taxes and economic policy

| | |
|---|---|
| **government** *n* | Regierung |
| the principle of "limited government" | das Prinzip der „beschränkten Regierung" |
| **downsize** *v* | verringern, verkleinern |
| **downsizing government** *n* *(decreasing a government's activities through privatization)* | Reduzierung der Regierungsaufgaben |
| **interference** *n* | Einmischung |
| non-interference | Nichteinmischung |
| (no) government interference with personal liberties | (Nicht-)Einmischung der Regierung in persönliche Freiheiten |
| **deregulation** *n* | Deregulation, Abbau staatlicher Vorschriften |
| deregulate | deregulieren |
| **self-responsibility** *n* | Eigenverantwortung |
| **public good, public welfare, general welfare** *n* | Gemeinwohl, Allgemeinwohl |
| **privatize** *v (to change from public to private ownership)* | privatisieren |
| privatization | Privatisierung |
| **social expenditure** *(no pl)* [ɪk'spendɪtʃɚ] *n* | Sozialausgaben |

**The cut in social expenditure raises concerns.**
Der Einschnitt bei den Sozialausgaben ist besorgniserregend.
**The government has also adopted measures to curb social expenditure.**
Die Regierung hat außerdem Maßnahmen beschlossen, um die Sozialausgaben einzudämmen.

| | |
|---|---|
| **capital expenditure** *(no pl) n* | Ausgaben der öffentlichen Hand |
| **austerity** ['ɑ:steraṭi] *n (refers to a policy of lowering the state's spending by reducing the government's budget)* | Sparpolitik |

| | |
|---|---|
| austerity measure, cost-cutting measure | Sparmaßnahme |
| **social security (scheme)** [ski:m] *n* | soziales Sicherungssystem, staatliche Sozialversicherung *(US)*, Sozialhilfe *(UK)* |
| **compulsory social security** [kəm'pʌlsəri], **social security contribution** *n* | gesetzliche Sozialversicherung |
| **social security (contributions)** *n* | Sozialabgaben |
| subject to social security insurance contributions | sozialversicherungspflichtig |
| liable to insurance deductions | versicherungspflichtig |
| **supplementary benefits** ['sʌpləmenṭɚi] *n pl* | Sozialhilfe *(US)* |
| housing benefit | Wohngeld |
| **social (security) benefits** *n pl* | Sozialleistungen |
| be entitled to social benefits | Anspruch auf Sozialleistungen haben |
| **jobseeker's allowance** [ə'laʊənts] *n* | Arbeitslosenunterstützung |
| **social services** *n pl* | Sozialeinrichtung, Sozialdienste |
| **welfare (net)** *n* | soziales Netz |

**Some people slip through the welfare net.**
Einige Leute fallen durch das soziale Netz.

| | |
|---|---|
| **private provision** *n* | private Vorsorge |
| old age provision *n* | Alterssicherung |
| **health plan** *n* | Krankenversicherung |
| **Medicaid** ['medɪkeɪd] *n* | Gesundheitsfürsorgeprogramm der USA |
| **sick leave, sickness benefit** *n* | bezahlter Urlaub im Krankheitsfalle |
| **cover sth** *v* | etw. abdecken *(z.B. die Behandlung einer Krankheit)* |

**Does Medicaid cover dental (costs)?**
Übernimmt Medicaid auch Zahnarztkosten?

| | |
|---|---|
| **tax burden** *n* | Steuerbelastung |

**In the US the tax burden for the upper income groups is very low.**
Die Steuerbelastung für die Bezieher hoher Einkommen ist in den USA sehr gering.

| | |
|---|---|
| **tax reform** *n* | Steuerreform |
| redistribution through taxes | Umverteilung durch Steuern |
| **tax cut, tax reduction, reduction in taxes, cut in taxes** *n* | Steuersenkung |
| reduce/cut taxes | Steuern senken |
| **tax break** *n* | Steuererleichterung |
| slash taxes on the rich | Steuern für die Reichen senken |

**The TEA Party Movement**

**The TEA in the movement's name stands for "Tax Enough Already". With its strong allusion to the historical Boston Tea Party the movement claims to stand for the American Dream as it sees itself as a defender of the core principles of the Founding Fathers – limited government, individual freedom and responsibility and free markets.**
Das TEA im Namen der Bewegung steht für „Jetzt reicht's mit den Steuern". Mit der starken Anspielung auf die historische Boston Tea Party, behauptet die Bewegung für den amerikanischen Traum zu stehen, da sie sich selbst als Verteidiger der zentralen Grundsätze der Gründerväter sieht – beschränkte Regierung, individuelle Freiheit und Verantwortlichkeit und freie Märkte.

| | |
|---|---|
| enough already | jetzt reicht's |
| **shift in politics** *n* | Politikwechsel |

| | |
|---|---|
| **trickle down** *v* | durchsickern |
| **trickle down economics** *n* | Trickle-Down Wirtschaft |

**Trickle down economics**

**In United States politics "the trickle-down theory" assumes that tax breaks and other economic benefits provided by government to businesses and the wealthy will improve the economy as a whole and thereby will benefit poorer members of society.**
In der US-Politik geht die „Trickle-down Theorie" davon aus, dass Steuererleichterungen oder andere wirtschaftliche Vorteile, welche die Regierung Firmen und den Reichen gewährt, die Wirtschaft als Ganzes verbessert, sodass auch die ärmeren Mitglieder der Gesellschaft davon profitieren.

| | |
|---|---|
| **beneficiary** [ˌbenɪˈfɪʃri] *n* | Nutznießer(in), Begünstigte(r) |
| **benefit from sth** *v* | von etw. profitieren |

**High earners have benefited from/are the beneficiaries of the tax reform.**
Großverdiener profitieren von/sind die Nutznießer der Steuerreform.

| | |
|---|---|
| **corporate America** *n (informal)* | das Amerika der Unternehmer |
| **stock exchange** *n* | Börse *(Gebäude)* |
| **stock market** *n* | Börse *(Handel)* |
| **Wall Street bigwig** *n (informal)* | hohes Tier an der Wall Street |

**Wall Street**

**Wall Street, New York's financial district, is home to the world's biggest stock market. The street name has become synonymous with the financial markets of the United States as a whole.**
Die Wall Street, New Yorks Finanzdistrikt, beheimatet die größte Börse der Welt. Der Straßenname ist zum Synonym für die amerikanischen Finanzmärkte geworden.

| | |
|---|---|
| **capital assets** ['æsets] *n* | Kapitalvermögen |
| capital profit, unearned income | Einkünfte aus Kapitalvermögen |
| capital gains tax | Kapitalertragssteuer |
| property tax | Vermögenssteuer |
| **economic rent** *n* | wirtschaftliche Rente *(Einkommenseffekt)* |
| **rent-seeking** *n* | nach Spekulationsgewinnen suchen |

**The income side of the US economy is made up of wage earning, production profit, and rent-seeking.**
Die Einkommensseite der US-Ökonomie besteht aus Lohnerwerb, Gewinnen aus Produktion und Rent-seeking.

| | |
|---|---|
| rent-seeker *n* | jmd., der nach Spekulationsgewinnen trachtet |

**Rent-seeking**

**The term refers to a culture in which the principal route to wealth is not creating wealth, but taking possession of or benefiting from wealth created by others. To obtain the rent lobbyists manipulate the social or political environment accordingly.**
Der Begriff bezeichnet eine Kultur, in der der Weg zu Reichtum im Wesentlichen nicht darin besteht, Reichtum zu schaffen, sondern vielmehr den Reichtum, der von anderen geschaffen wurde, selber in Besitz zu nehmen oder daran zu verdienen. Um den Gewinn zu erzielen, bearbeiten Lobbyisten das soziale oder politische Umfeld entsprechend.

| | |
|---|---|
| **gain(s), profit(s)** *n* | Gewinn, Kursgewinn |
| windfall gains, windfall profits *(unexpected gains caused by sudden changes in the market* | Zufallsgewinne *(unerwartete Einnahmen, die nicht auf den Leistungen der Gewinnbezieher* |

| | |
|---|---|
| *situation rather than by merits of profit earners)* | *beruhen, sondern durch plötzliche Veränderungen der Marktsituation entstanden sind)* |
| **bubble** *n (state of a booming economic activity [in a stock market] that often ends in a sudden collapse)* | Spekulationsblase |

| | |
|---|---|
| **supply and demand** *n* | Angebot und Nachfrage |
| shortfall of demand | Nachfrageausfall |
| **long-term growth** *n* | lang anhaltendes Wachstum |
| **economic upturn, economic upswing** *n* | Konjunkturaufschwung |
| **economic downturn** *n* | Konjunkturabschwung |
| **economic slump** [slʌmp], **recession** *n* | Rezession, Konjunkturrückgang, Wirtschaftskrise |

| | |
|---|---|
| **gross domestic product (GDP)** *n (the value of goods and services produced within a country)* | Bruttoinlandsprodukt |
| **indebtedness** *(no pl)* [ɪn'detɪdnəs], **debts** *(pl)* [dets] *n* | Verschuldung |
| **debt crisis** ['detˌkraɪsɪs] *n* | Schuldenkrise |
| **real estate crisis** ['riːəl ɪˌsteɪt 'kraɪsɪs], **housing crisis** ['kraɪsɪs] | Immobilienkrise |

| | |
|---|---|
| **labor market** *n* | Arbeitsmarkt |
| **skilled worker** *n* | Facharbeiter(in) |
| **unskilled worker, unskilled laborer** *n* | Hilfsarbeiter(in) |
| skill-biased technological change | technologischer Wandel mit erhöhter Nachfrage nach Fachkräften |
| **unemployment** *n* | Arbeitslosigkeit |
| be unemployed, be jobless | arbeitslos sein |
| **unemployment rate** *n* | Arbeitslosenquote |
| unemployment benefits | Arbeitslosengeld |

## 4.2 Immigration

| | |
|---|---|
| **immigration** *n (entering another country to live there permanently)* | Einwanderung |
| **immigrate** *v* | einwandern |
| **immigrant** *n* | Einwanderer |
| influx of illegal immigrants/of refugees | Zustrom von illegalen Einwanderern/von Flüchtlingen |
| wave of immigration | Einwanderungswelle |
| **immigration policy** ['pɑːləsi] *n* | Einwanderungspolitik |
| **immigration laws** *n* | Einwanderungsgesetze |
| **immigration authorities** *n pl* | Einwanderungsbehörde |
| **immigration control** *n* | Einwanderungskontrolle |
| **border patrol** *n* | Grenzpatrouille |
| **coyote** [kaɪ'oʊt̬i] *n (here: a person who smuggles illegal immigrants into the United States, especially across the Mexican border)* | Schlepper(in) |
| **human trafficker** *n* | Schleuser(in) |

| | |
|---|---|
| **emigration** *n (leaving your country in order to live in another country)* | Auswanderung |
| **emigrate** *v* | auswandern |
| **emigrant** *n* | Auswanderer/Auswanderin, Emigrant(in) |

| | |
|---|---|
| **foreigner, alien** *(legal term) n* | Ausländer(in) |
| proportion of foreigners | Ausländeranteil |
| **(il)legal alien** *(legal term) n* | (il)legale(r) Ausländer(in) *(juristischer Begriff)* |
| undocumented immigrant | Einwanderer ohne Ausweispapiere |
| **resident alien** *n* | Ausländer(in) mit Aufenthaltsgenehmigung |
| **residence permit** *n* | Aufenthaltsgenehmigung |
| conditional residency | eingeschränkte Aufenthaltsgenehmigung |
| permanent residency | dauerhafter Aufenthalt |

| | |
|---|---|
| **deportation** *n* | Abschiebung |
| halt deportation | Abschiebungen aussetzen |

**DREAMers**

**The name of the legislative initiative "DREAM Act" is an acronym of "Development, Relief, and Education for Alien Minors". The act would provide conditional residency to illegal aliens, who entered the US as minors and graduate from US high schools. If the DREAMers, as aliens affected by this law call themselves, were to join the military or study in the US, they might obtain a 6-year residency; during this period they could apply for permanent residency.**
**At the beginning of his second term President Obama gave DREAMers reason to hope as he halted the deportation of younger undocumented immigrants.**
Der Name der „DREAM Act" genannten Gesetzesinitiative ist ein Akronym aus *Development* (Entwicklung), *Relief* (Hilfe) and *Education* (Bildung) for *Alien Minors* (für minderjährige Einwanderer). Das Gesetz würde eine eingeschränkte Aufenthaltserlaubnis für illegale Einwanderer, die als Minderjährige in die USA eingereist sind und dort einen High-School-Abschluss erworben haben, bedeuten. Wenn die DREAMers, wie sich die vom Gesetz betroffenen selbst nennen, in die Armee eintreten oder in den USA studieren, könnten sie ein 6-Jahres-Visum erhalten und sich während dieser Zeit um eine permanente Aufenthaltsgenehmigung bewerben.
Zum Beginn seiner zweiten Amtszeit hat Präsident Obama den DREAMers Anlass zur Hoffnung gegeben, da er die Abschiebung von jungen Einwanderern ohne Dokumente ausgesetzt hat.

| | |
|---|---|
| **policy on foreigners** ['pɑːləsi] *n* | Ausländerpolitik |
| **authority for foreigners** *n* | Ausländerbehörde |

| | |
|---|---|
| **asylum seeker** [ə'saɪləm] *n* | Asylbewerber(in) |
| apply for/seek asylum | Asyl beantragen |
| grant asylum | Asyl gewähren |
| **expatriate** [ek'speɪtriət] *n* | Exilant(in) |

| | |
|---|---|
| **citizenship** *n* | Staatsangehörigkeit |
| **permanent resident** *n* | Staatsbürger(in) mit unbeschränkter Aufenthaltserlaubnis |
| be a permanent resident of the US | in den USA wohnhaft/ansässig sein |
| **Green Card** *n (authorization to live and work in the USA on a permanent basis)* | Green Card *(zeitlich unbefristete Aufenthalts- und Arbeitsbewilligung für die USA)* |

**The Green Card system**

**A Green Card holder (permanent resident) is someone who has been granted authorization to live and work in the United States on a permanent basis. As proof of that status, a person is granted a permanent resident card, commonly called a "Green Card".**

Der Besitzer einer Green Card ist jemand, der eine unbegrenzte Aufenthalts- und Arbeitserlaubnis für die USA hat. Als Zeichen dieses Status erhält diese Person einen dauerhaften Aufenthaltsausweis, gemeinhin als „Green Card" bezeichnet.

| | |
|---|---|
| **authorization** *n* | Erlaubnis |
| be granted authorization to sth | Erlaubnis für etw. erhalten |
| **visa** *n* | Visum |

**Foreign nationals, who seek to reside temporarily in the United States for a particular time period and to work for a particular employer, may be granted a work visa.**

Ausländer, die zeitlich begrenzt in den USA wohnen und für einen bestimmen Arbeitgeber arbeiten, können ein Arbeitsvisum erhalten.

| | |
|---|---|
| **naturalization** *n (becoming a citizen of the country to which you have emigrated)* | Einbürgerung |
| naturalize | einbürgern |

**The Army will facilitate by every means the speedy naturalization of non-citizen soldiers.**

Die Armee wird mit allen Mitteln eine schnelle Einbürgerung von ausländischen Soldaten ermöglichen.

| | |
|---|---|
| **naturalized citizen** *n* | Staatsbürger, der den Prozess der Einbürgerung durchlaufen ist *(d.h. die Staatsbürgerschaft wurde nicht mit oder bei der Geburt erworben, sondern nachträglich angenommen)* |
| **natural born citizen** *n* | (als solcher) geborener Staatsbürger (oder Staatsbürgerin) |
| first generation US born | erste in den USA geborene Generation *(Nachkommen der Einwanderer)* |
| **birthers** *n* | Menschen, die die von Präsident Obama veröffentlichte Geburtsurkunde für eine Fäl- |

| | |
|---|---|
| | schung und Teil einer Verschwörung halten |
| **assimilation** [əˌsɪməˈleɪʃən] *n (process by which a person's or group's culture is given up in favour of the culture of the dominant group's culture)* | Assimilation *(Übernahme der kulturellen Wertvorstellungen und Gebräuche der Mehrheitskultur, bei gleichzeitiger Aufgabe der eigenen Kultur)* |
| assimilate into a new society | sich in eine neue Gesellschaft assimilieren |
| undergo a process of assimilation | einen Assimilationsprozess durchmachen |
| values, customs and practices | Werte, Sitten und Bräuche |

**An often heard complaint is that new arrivals to the United States are not assimilating into American society fast enough.**
Oft hört man den Vorwurf, dass sich Neuankömmlinge nicht schnell genug in die amerikanische Gesellschaft integrieren.

| | |
|---|---|
| **dissimilation** [ˌdɪsˌsɪmɪˈleɪʃn] *n* | Dissimilation *(Wiedergewinnung einer eigenen Volks- und Gruppeneigenart)* |
| **integration** *n* | Integration |
| **acculturation** [əˌkʌltʃəˈreɪʃn] *n* | Übernahme fremden Kulturgutes *(unter Beibehaltung eigener Wertvorstellungen und Bräuche)* |
| **acculturate** [əˈkʌltʃəreɪt] *v* | sich kulturell anpassen |

**Acculturation**

**Acculturation is a process in which members of one cultural group adopt the beliefs and behaviors of another group. Although acculturation is usually in the direction of a minority group adopting habits and language patterns of the dominant group, acculturation can be reciprocal, that is, the dominant group also adopts patterns typical of the minority group.**
Akkulturation ist ein Prozess, durch den die Mitglieder einer kulturellen Gruppe die Wertvorstellungen und Verhaltensweisen einer anderen Gruppe annehmen. Obwohl Akkulturation überlicherweise so vor sich geht, dass eine Minderheitengruppe die Gewohnheiten und die Sprache der dominaten Gruppe übernimmt, kann der Prozess auch reziprok ablaufen; das heißt, dass die dominante Gruppe auch Verhaltensmuster, die typisch für die Minderheitengruppe sind, annehmen kann.

| | |
|---|---|
| **segregation** [ˌsegrəˈgeɪʃn] *n (separation of groups, usually different races)* | Rassentrennung |
| **desegregation** [diːˈsegrəgeɪʃn] *n (ending the separation of races)* | Aufhebung der Rassentrennung |
| **draw on sth** *v* | auf etw. zurückgreifen |
| **ethnic identity** [ˈeθnɪk] *n* | ethnische Identität |
| retain/keep one's ethnic identity | die eigene ethnische Identität bewahren |
| **values** *n* | Werte |
| **customs** *n* | Sitten |
| **traditions, customs** *n* | Bräuche |

**Integration and desegregation**

**Racial integration, or simply integration, includes desegregation. In addition to desegregation, integration includes goals such as creating equal opportunity regardless of race, and the development of a culture that draws on diverse traditions. While desegregation is largely a legal matter, integration is largely a social one.**

Ethnische Integration, oder einfach Integration, beinhaltet die Aufhebung von Rassentrennung (Desegration). Darüber hinaus umfasst Integration weitere Ziele, zum Beispiel allen, unabhängig ihrer ethnischen Herkunft, Chancengleichheit zu gewähren und die Entwicklung einer Kultur, die auf verschiedene Traditionen zurückgeht, zu ermöglichen. Während die Aufhebung der Rassentrennung in erster Linie eine rechtliche Frage ist, ist die Intergration eine soziale Frage.

| | |
|---|---|
| **uproot sb** *v* | jmdn. aus der gewohnten Umgebung herausreißen |
| **uproot oneself** *v* | seine Heimat verlassen |
| **adjust to sth** *v* | sich anpassen, sich an etw. gewöhnen |
| **adapt to sth** *v* | sich anpassen |
| **xenophobia** [ˌzenəˈfoʊbiə] *n (fear or dislike of people from other countries)* | Ausländerfeindlichkeit, Fremdenhass, Xenophobie |
| **marginalize sb** [ˈmɑːrdʒɪnəlaɪz] *v* | jmdn. an den Rand drängen, jmdn. marginalisieren |

**Immigrants, national minorities and indigenous peoples were subject to a wide range of policies designed to either assimilate them into the dominant cultural community or to marginalize them.**
Einwanderer, Minderheiten oder Ureinwohner wurden oft einer Reihe von Richtlinien unterworfen, um sie entweder in die Mehrheitsgesellschaft einzugliedern oder auszuschließen.

| | |
|---|---|
| **multicultural society** [ˌmʌlti'kʌltʃrl] *n* | multikulturelle Gesellschaft |
| **fringe group** [frɪnʤ], **marginal group** ['mɑːrʤɪnəl] *n* | Randgruppe |
| **dominant society, majority society, majority group in society** *n* | Mehrheitsgesellschaft |
| **minority society** *n* | Minderheitsgesellschaft |
| **parallel society** *n* | Parallelgesellschaft |

| | |
|---|---|
| **metaphor** ['met̬əfɔːr] *n* | Metapher |
| **notion** *n* | Vorstellung *(Verständnis von etw.)* |
| the melting pot notion | das (metaphorische) Bild des Schmelztiegels |
| **melting pot** *n* | Schmelztiegel |
| **melt into sth** *v* | zu etw. verschmelzen |

**The melting pot metaphor**

**The metaphor of the melting pot goes back to the French aristocrat Michel-Guillaume Jean de Crevecoeur who in his book *Letters from an American Farmer* (1782) said about America that "here individuals of all nations are melted into a new race". Later this notion was popularized by the writer Israel Zangwill in his play *The Melting Pot* (1908). The term is used to describe the successful integration of different cultures and races in the US. Nowadays this concept is considered to be outdated.**
Das Bild des Schmelztiegels geht auf den französischen Aristokraten Michel-Guillaume Jean de Crevecoeur zurück, der in seinem Buch *Letters from an American Farmer* über Amerika sagte, dass dort Menschen aller Nationen zu einer neuen Rasse verschmolzen werden. Später wurde diese Vorstellung durch den Schriftsteller Israel Zangwill in seinem Stück *The Melting pot* (Der Schmelztiegel) bekannt gemacht. Der Begriff wird benutzt, um die erfolgreiche Integration verschiedener Kulturen und Rassen in den USA zu beschreiben. Heutzutage gilt dieses Bild als überholt.

| | |
|---|---|
| **salad bowl** *n* | Salatschüssel |
| **remain recognizable** *v* | erkennbar bleiben |

**distinct quality, characteristic** *n* — verschiedene Eigenschaften/ Merkmale, unterschiedliche Beschaffenheit

**The salad bowl metaphor**

**This metaphor constitutes a modification of the melting pot notion. It suggests that members of different ethnic and cultural groups do not lose their ethnic cultures in a process of assimilation. Rather like the different parts of a salad that remain recognizable each group keeps its own distinct qualities and characteristics.**

Diese Metapher stellt eine Modifikation der Vorstellung des Schmelztiegels dar. Sie beinhaltet den Gedanken, dass die Mitglieder verschiedener ethnischer und kultureller Gruppen ihre Kultur in einem Assimilationsprozess nicht aufgeben. Stattdessen behält jede Gruppe ihre eigenen besonderen Merkmale und Eigenschaften, so wie die Bestandteile eines Salates als solche erkennbar bleiben.

**quilt** [kwɪlt] *n* — (Patchwork-)Steppdecke
**identical (in sth)** *adj* — gleich (in etw.)
**different (in sth)** *adj* — unterschiedlich (in etw.)
equal but different (in sth) — gleich, aber unterschiedlich (in etw.)

**The quilt metaphor**

**Used as a metaphor this notion describes the multicultural American society. Just as the patchwork of the top of a quilt is made of a series of blocks that are identical in size but may be different in design, American society is seen as an addition of different races and cultures that are equal but different in their distinct qualities.**

Dieses Bild beschreibt metaphorisch die multikulturelle amerikanische Gesellschaft. So wie das Oberflächenmuster des Quilts aus einer Reihe von gleich großen Quadraten besteht, die verschieden im Design sein können, wird die amerikanische Gesellschaft als eine Addition von verschiedenen Rassen und Kulturen gesehen, die gleich(berechtigt) aber unterschiedlich in ihren besonderen Merkmalen sind.

## 4.3 Foreign policy: America's legacy and mission

**legacy** ['legəsi] *n* — Vermächtnis, Erbe
**mission** *n* — Auftrag, Mission
missionary zeal — missionarischer Eifer
carry forth a mission — einen Auftrag ausführen/ durchführen
America's democratizing mission — Amerikas Auftrag zu demokratisieren

| | |
|---|---|
| **self-assigned role** *n* | Rolle, die man sich selbst zugewiesen hat |
| **guiding principle, central theme, leitmotif** ['laɪtmoʊˌti:f] *n* | Grundgedanke, Leitlinie, Leitmotiv |
| **promote sth** *v* | etw. fördern |
| promote political change abroad | politischen Wechsel im Ausland fördern |
| promote the expansion of democracy around the globe | die Ausweitung der Demokratie weltweit fördern |

**The promotion of constitutional democracy around the world is the guiding principle of American foreign policy.**
Die weltweite Förderung der verfassungsmäßigen Demokratie ist das Leitmotiv der amerikanischen Außenpolitik.

| | |
|---|---|
| **custodian of democracy** [kʌs'toʊdiən] *n* | Wächter der Demokratie |

**The world must be made safe for democracy.** *(President Woodrow Wilson asking Congress to declare war on Germany, April 2, 1917)*
Die Welt muss für die Demokratie sicher gemacht werden.
**It is the (self-assigned) duty of America to engage others to learn the virtues of democratic government.**
Es ist die (selbstgewählte) Aufgabe Amerikas, andere dafür zu gewinnen, die Tugenden demokratischer Regierungsführung zu erlernen.

| | |
|---|---|
| **foster sth** *v* | etw. begünstigen |

| | | | |
|---|---|---|---|
| facilitate<br>further<br>endorse | democracy abroad | Demokratie im Ausland | ermöglichen<br>voranbringen<br>unterstützen |

| | |
|---|---|
| the **virtues of sth** ['vɜ:rtʃu:z] *n* | die Vorzüge, Vorteile von etw. |
| extol the virtues of American democracy | die Vorzüge der amerikanischen Demokratie preisen |
| spread the benefits of America's democratic system | die Vorteile des amerikanischen Demokratiesystems verbreiten |
| **world order** *n* | Weltordnung |
| set a framework for a new world order | den Rahmen für eine neue Weltordnung setzen |
| **around the globe, worldwide** *adj* | weltweit, rund um den Gobus |
| **abroad** [ə'brɑ:d] *adv* | im Ausland |

| | |
|---|---|
| **foreign policy** ['pɑːləsi] *n* | Außenpolitik |
| unilateral policy | einseitige Politik |
| **friend or foe** [foʊ] *n* | Freund oder Feind |
| be they friend of foe | gleich ob Freund oder Feind |

### Guiding principles of US foreign policy over the past 50 years

**"Let every nation know, whether it wishes us well or ill, that we shall pay any price, bear any burden, meet any hardship, support any friend, oppose any foe to assure the survival and the success of liberty."** *(President Kennedy in his Inaugural Address, January 20, 1961)*
„Jede Nation, ob sie uns Gutes oder Schlechtes wünscht, soll wissen, dass wir, um das Fortbestehen und den Erfolg der Freiheit zu gewährleisten, jeden Preis bezahlen, jede Last auf uns nehmen, uns jeder Entbehrung stellen, jeden Freund unterstützen und uns jedem Feind entgegestellen werden."

**"Until now, the world we've known has been a world divided – a world of barbed wire and concrete block, conflict and cold war. Now, we can see a new world coming into view. A world in which there is the very real prospect of a new world order. In the words of Winston Churchill, a 'world order' in which 'the principles of justice and fair play ... protect the weak against the strong ...' A world where the United Nations, freed from cold war stalemate, is poised to fulfil the historic vision of its founders. A world in which freedom and respect for human rights find a home among all nations. [...]**
**Tonight as our troops begin to come home, let us recognise that the hard work of freedom still calls us forward. We've learned the hard lessons of history. The victory over Iraq was not waged as 'a war to end all wars.' Even the new world order cannot guarantee an era of perpetual peace. But enduring peace must be our mission ..."** *(President George Bush, speech on a New World Order, March 6, 1991.)*
„Bis heute war die Welt, die wir kannten geteilt – eine Welt von Stacheldraht und Betonblöcken, Konflikten und Kaltem Krieg. Jetzt können wir sehen, wie eine neue Welt heraufzieht. Eine Welt, in der es eine sehr reale Chance einer neuen Weltordnung gibt. In den Worten Winston Churchills eine ‚Weltordnung', in der ‚die Prinzipien von Gerechtigkeit und Fair Play die schwachen vor den Starken schützen.' Eine Welt, in der die Vereinten Nationen aus dem Stillstand des Kalten Kriegs befreit sind und nahe dran sind, die historische Vision ihrer Gründer zu erfüllen. Eine Welt, in der Freiheit und der Respekt für die Menschenrechte ein Zuhause bei allen Nationen finden. [...]
Wenn mit dem heutigen Abend der Truppenabzug beginnt, lasst uns erkennen, dass die harte Arbeit für die Freiheit uns immer noch fordert. Wir haben die schweren Lektionen der Geschichte gelernt. Der Krieg gegen den Irak wurde nicht geführt als ‚ein Krieg, der alle Kriege beendet'. Und sogar jetzt ist die neue Weltordnung keine Garantie für ein Zeitalter ewigen Friedens. Aber dauerhafter Frieden muss unser Auftrag sein."

**"As we have in Libya, our task is instead to mobilize the international community for collective action. Because contrary to the claims of some, American leadership is not simply a matter of going it alone and bearing all the burden ourselves. Real leadership creates conditions and coalitions for others to step up as well, to work with allies and partners so that they bear their share of the burden and pay their share of the costs, and to see that the principles of justice and human dignity are upheld by all."** *(President Obama 2011, speech on the Arab Spring uprising in Libya)*
„So wie wir es in Libyen getan haben, ist es unsere Aufgabe die internationale Gemeinschaft für gemeinsames Handeln zu mobilisieren. Denn im Gegensatz zu dem Dafürhalten einiger, geht es bei der amerikanischen Führungsrolle nicht nur darum, Dinge allein zu regeln und alle Last selbst zu tragen. Wahre Führerschaft erzeugt Bedingungen und Koalitionen, die es anderen ermöglichen, sich auch einzubringen, und als Alliierte und Partner zusammenzuarbeiten, sodass auch die anderen ihren Teil der Lasten und Kosten tragen und sie achtet darauf, dass die Prinzipien der Gerechtigkeit und Menschenwürde von allen geachtet werden."

| | |
|---|---|
| **isolationism** [ˌaɪsəl'eɪʃnɪzəm] *n* | Isolationismus, Nichteinmischung |

**Isolationism describes an attitude that opposes intervention in foreign countries or involvement in permanent military alliances.**
Mit Nichteinmischung oder Isolationismus wird eine Haltung beschrieben, die Interventionen in fremden Ländern oder die Beteiligung an festen Militärbündnissen ablehnt.

| | |
|---|---|
| **isolationist** [ˌaɪsəl'eɪʃnɪst] *n; adj* | Vertreter des Isolationismus; isolationistisch |
| **interventionism** [ˌɪnt̬ə-'venʃnɪzəm] *n* | Interventionismus, Einmischung |

**The term interventionism refers to a nation's actions by which it becomes involved in another nation's affairs. One example of political interventionism could for example be sanctions on a foreign economy.**
Der Begriff bezieht sich auf die Handlungen einer Nation, durch die diese in die Angelegenheiten einer anderen Nation verwickelt wird. Ein Beispiel für politische Intervention könnten zum Beispiel Sanktionen gegen eine ausländische Wirtschaft darstellen.

| | |
|---|---|
| **intervene** *v* | intervenieren, sich einmischen |
| meddle with other nations' governments | sich in die Regierungen anderer Nationen einmischen |
| **sanction** ['sæŋʃn] *n* | Sanktion |
| impose sanctions | Sanktionen verhängen |
| lift sanctions | Sanktionen aufheben |

**Sanctions are official orders or laws stopping trade etc with another country, as a way of for example forcing its leaders to make political changes.**
Unter Sanktionen versteht man offizielle Verfügungen oder Gesetzgebung, durch die der Handel etc. mit einem anderen Land beendet wird, um zum Beispiel zu erreichen, dass dessen Führung politische Veränderungen in Gang setzen.

| | |
|---|---|
| **embargo** [em'bɑ:rgoʊ] *n* | Embargo |
| **arms embargo** [em'bɑ:rgoʊ] *n* | Waffenausfuhrverbot, Waffenembargo |
| lay an embargo on sth | ein Embargo verhängen |
| lift an embargo | ein Embargo aufheben |

**The embargo brought all exports and imports of goods and commodities to a halt.**
Mit dem Embargo wurde der Export und Import von Waren und Rohstoffen unterbunden.

| | |
|---|---|
| **impose sth on sb** *v* | jmdm. etw. auferlegen, jmdm. etw. diktieren, jmdn. mit etw. belegen *(z. B. Sanktionen)* |
| impose one's standards on others | anderen die eigenen Maßstäbe aufdrängen |
| **annex sth** *v* | etw. annektieren |
| annex foreign territories | fremde/ausländische Gebiete annektieren |
| **seek accommodation with sb** *v* | eine Einigung mit jmdm. suchen |

| | |
|---|---|
| **contain** *v* | eindämmen |
| contain the spread/extension of communism | die Ausbreitung des Kommunismus eindämmen |
| **containment** *n* | Eindämmung |

**Containment was a political strategy designed to meet the challenge of international communism.**
Die Politik der Eindämmung war eine Strategie, um den Herausforderungen durch den internationalen Kommunismus zu begegnen.

| | |
|---|---|
| oppose communist advances | sich dem Vordringen des Kommunismus entgegenstellen |
| the **Cold War** *n* | der Kalte Krieg |

### The Truman Doctrine

**The Truman Doctrine is named after the American President Harry Truman. The doctrine was the guiding principle of American foreign policy in 1947. It decreed to give economic and military aid to Greece and Turkey because they were threatened by communism. The doctrine marks the beginning of the American containment policy to stop Soviet expansion; it was one of the decisive events that led to the Cold War.**
Die Truman Doktrin ist nach dem amerikanischen Präsidenten Harry Truman benannt. Die Doktrin schreibt das Grundprinzip der amerikanischen Außenpolitik im Jahr 1947 fest. Sie verfügte, Griechenland und der Türkei wirtschaftliche und militärische Hilfestellung zu leisten, da beide vom Kommunismus bedroht waren. Damit markiert die Doktrin den Beginn der amerikanischen Eindämmungspolitik gegen die sowjetische Expansion; sie war ein wesentllicher Schritt auf dem Weg in den Kalten Krieg.

| | |
|---|---|
| **roll back** *v* | zurückrollen, zurückdrängen |
| **rollback** *n* | Rückgang, Rollback |

### Rollback

**Rollback refers to a US political strategy towards Communist countries during the Cold War. Its aim was to stop the expansion of Communism and bring about a change in a nation's policy by replacing its ruling regime.**
Rollback nennt man die politische Strategie der Vereinigten Staaten gegenüber kommunistisch regierten Ländern während des Kalten Krieges. Das Ziel war, die Ausbreitung des Kommunismus einzudämmen und einen Wechsel in der Politik einer Nation dadurch zu erzwingen, dass das herrschende Regime ersetzt wurde.

**détente** [deɪ'tɑ:nt] *n* — Entspannung, Détente
**domino theory** *n* — Domino-Theorie

### The domino theory

**Representatives of the domino theory believed that if a single country fell to communism, others would follow. The term was coined by US President Eisenhower in April, 1954 and was used to justify the need for American intervention around the world.**
Vertreter der Domino-Theorie gingen davon aus, dass sobald ein einziges Land dem Kommunismus anheim fallen würde, andere folgen würden. Der Begriff wurde von dem amerikanischen Präsidenten Eisenhauer im April 1954 geprägt und wurde benutzt, um die Notwendigkeit weltweiter amerikanischer Interventionen zu rechtfertigen.

**anti-communist forces** *n* — anti-kommunistische Kräfte
**anti-communist insurgents** *n* — anti-kommunistische Aufständische

### The Reagan Doctrine

**The Reagan Doctrine is named after President Reagan. In his State of the Union Address on February 6, 1985, Reagan equated anticommunist forces with American colonists who had fought for freedom in the revolutionary war. In his speech he said that the US government would actively support "freedom fighters" against communist regimes.**
Die Reagan Doktrin ist nach Präsident Reagan benannt. In seiner Rede zur Lage der Nation vom 6. Februar 1985 setzte Reagan antikommunistische Kräfte mit den amerikanischen Kolonisten gleich, die im Revolutionskrieg für die Freiheit gekämpft hatten. Er sagte in seiner Rede, dass die amerikanische Regierung Freiheitskämpfer gegen kommunistische Regime aktiv unterstützen werde.

**equate** [ɪ'kweɪt] *v* — gleichsetzen
**stand watch on sth** *v* — etw. bewachen, beschützen

**America defends its freedom by standing watch on distant borders.**
Amerika verteidigt seine Freiheit dadurch, dass es weit entfernte Grenzen sorgsam bewacht.

# 5 The political system of the USA

## 5.1 The system of checks and balances

| | |
|---|---|
| **constitution** *n* | Verfassung |

> **The constitution is the supreme law of a country.**
> Die Verfassung ist das höchste Gesetz eines Landes.

| | |
|---|---|
| **(constitutional) amendment** *n* | Verfassungszusatz |
| **Bill of Rights** *n (first 10 amendments to the constitution of the United States)* | die ersten zehn Zusatzartikel zur Verfassung der Vereinigten Staaten |
| **(system of) checks and balances** *n* | System der gegenseitigen Kontrolle *(Gewaltenteilung)* |
| balance of power | Gleichgewicht der Kräfte |
| **separation of powers** *n* | Gewaltenteilung |
| the three branches of government | die drei Regierungsgewalten |
| the **judiciary** [ʤu:'dɪʃieri], the **judicial branch** *n (evaluates laws)* | die Judikative |
| the **legislature** ['leʤɪsleɪtʃɚ], the **legislative branch** *n (makes laws)* | die Legislative |
| the **executive** [ɪg'zekjətɪv], the **executive branch** *n (carries out laws)* | die Exekutive |
| **judge** *n* | Richter(in) |
| **supreme court** *n* | Oberstes Bundesgericht |
| **state legislature** ['leʤɪsleɪtʃɚ] *n* | bundesstaatliche Gesetzgebung |
| **state court** *n* | bundesstaatliches Gericht |
| **defendant** *n* | Beklagte(r) |
| **plaintiff** ['pleɪntɪf] *n* | Kläger(in) |

## The system of checks and balances

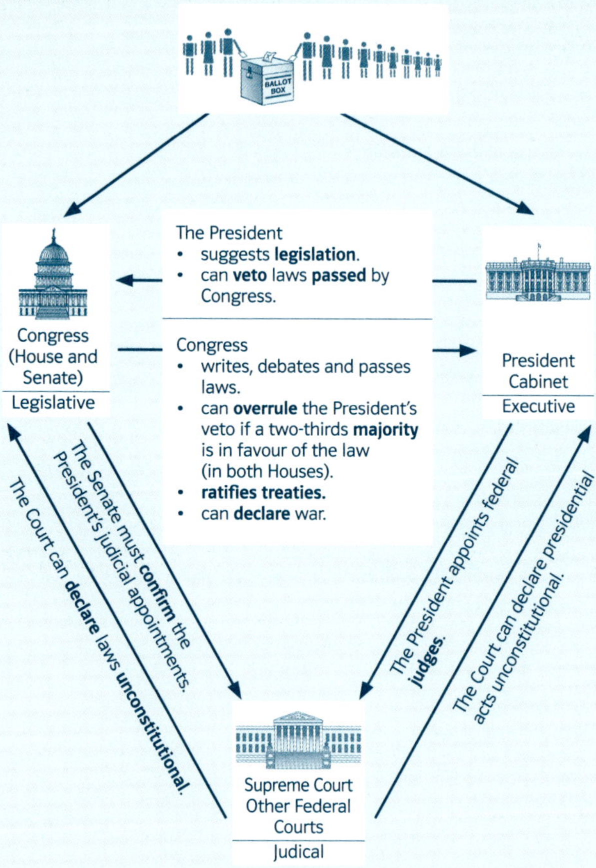

### The judiciary

**The judicial branch is represented by the Supreme Court. The highest federal court interprets the Constitution, reviews laws and extends to all cases to do with the Constitution, federal law, maritime law or cases that deal with foreign officials or foreign governments. The court also hears all cases in which the US itself is defendant or plaintiff.**

Die Judikative wird durch den Supreme Court vertreten. Das höchste Bundesgericht interpretiert die Verfassung, überprüft Gesetze und befasst sich mit allen Fällen, die mit der Verfassung, Bundesgesetzen, Seerecht oder Fällen, die mit ausländischen Vertretern oder Regierungen zu tun haben. Das Gericht verhandelt auch alle Fälle, in denen die USA selbst als Beklagter oder Kläger auftreten.

| | |
|---|---|
| declare legislation unconstitutional | Gesetzgebung für verfassungswidrig erklären |
| declare executive actions unconstitutional | Regierungshandeln für verfassungswidrig erklären |

| | |
|---|---|
| **Congress** *n (bicameral)* | Kongress *(mit zwei Kammern)* |
| **Senate** *n (upper house)* | Senat |
| **House of Representatives** *n (lower house)* | Repräsentantenhaus, Abgeordnetenhaus |
| **Capitol Hill** [ˌkæpɪtl 'hɪl] *n* | das Kapitol, der Kongress |
| bicameralism | Zweikammersystem in der Legislative *(USA: Senat und Repräsentantenhaus)* |
| the **Speaker** *n* | Sprecher(in) des Kongresses |

### The legislature

**The legislative branch of the US is headed by the Congress, which is made up of two houses: the Senate and the House of Representatives. The Senate consists of two senators from every state, who are elected for a six-year term.**

**The members of the House of Representative are elected from each state in proportion to its population for a two-year term of office.**

**The main task of Congress is to make laws.**

Die Legislative der USA wird vom Kongress vertreten, der aus zwei Häusern besteht: dem Senat und dem Abgeordnetenhaus. Der Senat besteht aus je zwei Senatoren aus jedem Bundesstaat, die für eine sechsjährige Amtszeit gewählt werden.

Die Anzahl der Mitglieder des Repräsentantenhauses, die jeder Staat für eine zweijährige Amtszeit wählt, richtet sich nach nach der Bevölkerungszahl ihres Bundeslandes.

Die Hauptaufgabe des Kongress ist die Gesetzgebung.

| | |
|---|---|
| pass legislation | Gesetze verabschieden |

| | |
|---|---|
| establish taxes | Steuern festlegen |
| ratify treaties | Verträge (mit ausländischen Staaten) ratifizieren |
| confirm appointments made by the president | Ernennungen des Präsidenten bestätigen *(z. B. Besetzung des Supreme Court)* |
| overrule/overturn a presidential veto *(with a two-thirds majority in Congress)* | ein Veto des Präsidenten überstimmen/aufheben *(mit einer Zweidrittelmehrheit im Kongress)* |
| impeach the president | ein Amtsenthebungsverfahren gegen den Präsidenten in Gang setzen |

| | |
|---|---|
| **Senator** *n* | Senator(in), Abgeordnete(r) im Senat |
| **Representative, Congressman/ Congresswoman** *n* | Abgeordnete(r) im Repräsentantenhaus |
| **senatorial term** *n (6 years)* | Amtszeit der Senator(inn)en |
| **representative term** *n (2 years)* | Amtszeit eines Mitglieds des Repräsentantenhauses |
| **term, length of term, period of office, term of office** *n* | Amtszeit, Amtsdauer |
| **office** *n* | Amt |
| **incumbent** [ɪn'kʌmbənt] *n; adj* | Amtsinhaber(in); amtierend |

**The incumbent senator will not run for a second term.**
Die amtierende Senatorin wird nicht für eine zweite Amtszeit kandidieren.

| | |
|---|---|
| **impeachment (proceedings)** [ɪm'pi:tʃmənt] *n* | Amtsenthebung(sverfahren) *(gegen den Präsidenten)* |

| | |
|---|---|
| **head of state** *n* | Staatsoberhaupt |
| chief of government, head of government | Regierungschef(in) |
| **commander-in-chief** *n* | Oberbefehlshaber |
| chief diplomat | höchster Diplomat, höchste Diplomatin |
| **national defense** *n* | Verteidigung des Landes |
| **foreign policy** ['pɑ:ləsi] *n* | Außenpolitik |
| **federal agency** *n (e.g. FBI)* | Bundesagentur *(z. B. das FBI)* |

## The executive

**The executive authority lies with the President. The President must implement and enforce the legislation passed by Congress. He appoints members of the Cabinet as well as the heads of the federal agencies. As head of state and commander-in-chief the President directs the government, the national defense and foreign policies.**

Die Exekutivmacht der USA liegt beim Präsidenten. Der Präsident muss die vom Kongress verabschiedeten Gesetze einführen und durchsetzen. Er ernennt die Mitglieder des Kabinetts sowie die Direktoren der Bundesagenturen. Als Staatsoberhaupt und Oberbefehlshaber führt er (oder sie) die Regierung und bestimmt die nationale Verteidigung und Außenpolitik.

| | |
|---|---|
| propose legislation | Gesetze vorschlagen |
| veto legislation | Widerspruch/Veto gegen Gesetze einlegen |
| implement legislation | Gesetze einführen |
| enforce legislation | Gesetze ausführen |
| negotiate treaties | Verträge (mit ausländischen Staaten) verhandeln |
| appoint judges | Richter(innen) ernennen |

| | |
|---|---|
| **the White House** *n* | das Weiße Haus *(im weiteren Sinne auch: „der Präsident/die Präsidentin")* |
| **President** *n* | Präsident(in) |
| **Vice President** [ˌvaɪsˈprezɪdənt] *n* | Vizepräsident(in) |
| **government** *n* | Regierung |
| **State of the Union (Address)** *n* *(president's annual speech at a joint session of both houses of Congress)* | Rede zur Lage der Nation *(jährliche Rede des Präsidenten/der Präsidentin bei einer gemeinsamen Sitzung beider Häuser des Kongresses)* |
| **inaugural address** [ɪˈnɑːgjʊrəl] *n* *(speech of the re-elected or new president)* | Amtseinführungsrede *(des wieder- oder neugewählten amerikanischen Präsidenten)* |

| | |
|---|---|
| **political gridlock** [ˈgrɪdlɑːk] *n* | politischer Stillstand, politische Blockade |
| **divided government** *n* | Situation, in die Parteizugehörigkeit des Präsidenten und die der Mehrheit im Kongress |

| | |
|---|---|
| | (eines oder beide Häuser) auseinanderfallen |

**Divided government in Washington, more often than not, doesn't force parties to the center for compromise; it causes gridlock.**
Die geteilten Mehrheitsverhältnisse in Washington führen meistens nicht dazu, dass die Parteien dazu gezwungen werden, sich um einen Kompross zu bemühen; sie führen zum politischen Stillstand.

| | |
|---|---|
| **lame duck** *n* | Präsident(in), der/die aufgrund der Mehrheitsverhältnisse politisch handlungsunfähig ist, „lahme Ente" |
| **filibuster** ['fɪlɪbʌstɚ] *n* | Verschleppungstaktik *(um im Senat eine Gesetzesvorlage zunichtezumachen)* |
| **Iron Triangle** *n* | Eisernes Dreieck *(Verhältnis zwischen Interessengruppen, Kongress und Bundesbehörden)* |

## 5.2 Political parties, participation and lobbying

| | |
|---|---|
| **political party** *n* | politische Partei |
| **political lingo** ['lɪŋgoʊ] *n* | Politikerjargon |
| **party leader** *n* | Parteichef(in) |
| **Republican Party, Grand Old Party (GOP)** *n* | Republikanische Partei |
| **Democratic Party** *n* | Demokratische Partei |
| **elephant** *n* | Elephant *(Symbol der Republikaner)* |
| **donkey** *n* | Esel *(Symbol der Demokraten)* |
| **partisan** ['pɑːrt̬ɪzən] *n, adj* | Parteigänger(in), parteiisch, voreingenommen |
| partisan line | parteiische Haltung |

| | |
|---|---|
| **platform** *n* | (Partei-)Programm |
| social liberal and progressive platform | sozial-liberales, progressives Programm |
| **political ideology** *(no pl)* *n* | politische Ideologie |
| **conservative** *adj* | konservativ |
| **progressive** *adj* | fortschrittlich |
| **liberal** *adj* | liberal |

| | |
|---|---|
| **left-wing** *n* | links *(politisch)* |
| **right-wing** *n* | rechts *(politisch)* |

| | |
|---|---|
| **fundamentalism** [ˌfʌndəˈmentəlɪzm] *n* | Fundamentalismus |
| the **religious right** *n* | die religiöse Rechte |
| **evangelical** [ˌiːvænˈdʒelɪkəl] *adj* | evangelikal |

| | |
|---|---|
| **participation in democratic politics** [pɑːrˌtɪsəˈpeɪʃn] *n* | Teilnahme/Mitwirkung an demokratischer Politik |
| **grassroots** [græsˈruːts] *n* | Basis~ |
| grassroots activity | Arbeit an der Basis |
| grassroots politics | bürgernahe Politik |
| grassroots movement | Basisbewegung |
| **bottom-up** *adj, adv* | von unten nach oben |

**Grassroots democracy**

**The term refers to the political ideal to shift as much decision-making authority as possible to the lowest level of organization, i.e. bottom-up processes of democratic decision-making.**

Der Begriff beschreibt das politische Ideal, so viel Entscheidungsmacht wie möglich an die niedrigste Organisationsstufe zu geben, d.h. demokratische Entscheidungsfindung von unten nach oben.

| | |
|---|---|
| **organized interest group** *n* | organisierte Interessengruppe |
| **lobby** [ˈlɑːbi] *n* | Lobbygruppe, Interessengruppe |
| anti-abortion lobby | Lobby der Abtreibungsgegner |
| gun lobby | Waffenlobby |
| **National Rifle Association (NRA)** *n (one of the most influential lobbying groups in the US; campaigns with reference to the Constitution for the right to armed self-defence)* | Nationale Schusswaffenvereinigung der USA *(eine der einflussreichsten Lobbygruppen der USA; tritt mit Bezug auf die Verfassung für das Recht auf bewaffnete Selbstverteidigung ein)* |
| **political action committee (PAC)** *n (supports candidates or bills with fundraising campaigns)* | Bezeichnung für politische Lobbygruppen in den USA *(unterstützen Kandidaten oder Gesetzeskampagnen mit Spenden)* |
| **campaign finance contributions** *n* | Wahlkampfspenden(beiträge) |
| **influential** *adj* | einflussreich |

| | |
|---|---|
| **politics** ['pɑ:lətɪks] *n (mit Verb im Singular)* | Politik *(ohne Plural)* |
| **political** *adj* | politisch |
| **policy** ['pɑ:ləsi] *n* | Politik *(konkrete, praktische)*, politisches Programm, politische Strategie |
| economic policy | Wirtschaftspolitik |
| social policy | Sozialpolitik |
| **policy-maker** ['pɑ:ləsi] *n* | politischer Entscheidungsträger/politische Entscheidungsträgerin |
| **decision-maker** *n* | Entscheidungsträger(in) |
| political decision-making processes | politische Entscheidungsprozesse |

## 5.3 Elections

| | |
|---|---|
| **electorate** [ɪ'lektərət] *n* | Wähler *(Gesamtheit)* |
| **ballot** ['bælət] *n (process)* | Wahl, Wahlgang, geheime Wahl |
| **ballot** ['bælət] *n (form)* | Wahlzettel, Stimmzettel |
| **ballot** ['bælət] *v* | wählen |
| **elect sb** *v* | jmdn. wählen |
| **vote for sth/sb** *v* | jmdn. wählen, für jmdn./etw. stimmen |
| cast a vote | eine Stimme abgeben |
| **voter** *n* | Wähler(in) |
| eligible voter | Stimmberechtige(r) |
| swing voters, floating voter | Wechselwähler(in) |
| non-voter *n* | Nichtwähler(in) |
| register to vote | sich als Wähler registrieren |
| **(right to) vote** *n* | Wahlrecht, Stimmrecht |

| | |
|---|---|
| **presidential elections** *n* | Präsidentschaftswahlen |
| **presidential candidate, candidate for the presidency** *n* | Präsidentschaftskandidat(in) |
| **presidential nominee** [ˌnɑ:mə'ni:] *n (after nomination by the national convention)* | Präsidentschaftskandidat(in) *(nach der Nominierung durch den Parteitag)* |
| **running mate** *n (vice-presidential candidate)* | Bewerber(in) um die Vizepräsidentschaft *(wörtl.: Laufpartner)* |

| | |
|---|---|
| **eligible for election** ['elɪʤəbl̩] *adj* | wählbar, zur Kandidatur berechtigt |
| **eligible for vote** ['elɪʤəbl̩] *adj* | wahlberechtigt |

**Who is eligible for president?**

**The process of electing the president is laid down in the Constitution. To become president of the United States candidates must be:**

- **American citizens,**
- **a natural-born citizen,**
- **over 35 years old,**
- **have been living in the US for 14 years.**

**The president (and the vice president) are elected for a four-year term and may only remain in office for two terms.**

Das Verfahren für die Präsidentschaftwahlen ist in der Verfassung festgelegt. Um Präsident(in) der Vereinigten Staaten zu werden, müssen die Kandidaten:

- die amerikanische Staatsbürgerschaft besitzen,
- bei der Geburt Amerikaner sein,
- über 35 Jahre alt sein,
- seit mindestens 14 Jahre in den USA gelebt haben.

Der Präsident (und der Vizepräsident) werden für eine Amtszeit von vier Jahren gewählt und dürfen nur für zwei Legislaturperioden im Amt bleiben.

| | |
|---|---|
| **primary (elections),** *(pl)* primaries *n* | Vorwahl |
| **caucus** ['kɑːkəs] *n* | Vorversammlung zur Wahlvorbereitung oder Ernennung von Kandidaten |
| **party convention** *n* | Parteitag |
| presidential nominating convention | Nominierungsparteitag |
| **delegate** *n* | Delegierte(r) |

| | |
|---|---|
| **presidential elector** [ɪ'lektɚ] *n* | Wahlmann/Wahlfrau bei einer Präsidentschaftswahl |
| **Electoral College** [ɪ'lektərl] *n* | Gremium der Wahlmänner und Wahlfrauen |
| **pledge** [pleʤ] *n* | Zusicherung, Versprechen *(auch: Treuegelöbnis, Treueschwur)* |
| **pledge to do sth** [pleʤ] *v* | sich verpflichten, etw. zu tun |

**The Electoral College**

**Both the President and the Vice President of the United States are indirectly elected by the people through the Electoral College. The Electoral College is made up of "electors" who are appointed to each state. Each state is entitled to the same number of electors in the Electoral College as it has members of Congress (i.e. Representatives and Senators).**

**Although voters find the names of the presidential candidates on the ballot, the vote, however, is cast for an elector who has pledged to vote for the particular candidate.**

Sowohl der Präsident als auch der Vizepräsident der Vereinigten Staaten werden indirekt durch das Volk mittels eines Wahlgremiums gewählt. Das sogenannte *Electoral College* besteht aus Wahlmännern und -frauen der einzelnen Bundesstaaten. Jedem Staat stehen genauso viele Wahlmänner und -frauen zu, wie er Abgeordnete in den Kongress (d.h. in Abgeordnetenhaus und Senat) entsendet.

Auf dem Wahlzettel finden die Wähler zwar den Namen der Präsidentschaftskandidaten, die Stimme geht jedoch mit der Wahl an einen Wahlmann oder eine Wahlfrau, der oder die sich verpflichtet hat, jenen Kandidaten zu wählen.

**ticket-splitting** *n* — Wähler stimmt für Kandidaten verschiedener Parteien

**gerrymandering** [ˈdʒeriˌmændə˞ɪŋ] *n* — Wahlkreis(ver)schiebung *(zum Vorteil für eine Partei)*

**Iowa, for example, has avoided the gerrymandering problem by using computer tools to provide balanced, compact districts in which elections are meaningful.**

Iowa, zum Beispiel, ist das Problem der Wahlkreisverschiebung umgangen, indem es Computerprogramme eingesetzt hat, die ausgeglichene und kompakte Wahlbezirke sicherstellen, in denen es sinnvolle Wahlen gibt.

**mid-term elections** *n pl* — Kongresswahl zur Mitte der Amtszeit des Präsidenten, „Halbzeitswahlen"

# Register der englischen Stichwörter

**Q**



**R**